edition suhrkamp
Redaktion: Günther Busch

Heinz Schlaffer, geboren 1939 in Böhmen, promovierte 1965 in Würzburg, habilitierte sich 1970 in Erlangen und ist seit 1972 Professor für Neuere deutsche Literatur in Marburg. Publikationen: *Lyrik im Realismus* 1966; *Musa iocosa. Gattungspoetik und Gattungsgeschichte der erotischen Dichtung in Deutschland* 1971; Aufsätze und Rezensionen in Fachzeitschriften und Sammelbänden.

Der Marburger Literaturwissenschaftler versucht in diesem Buch, an drei Hauptwerken der klassischen deutschen Literatur Widersprüche zwischen bürgerlicher Poesie und bürgerlicher Lebenspraxis aufzudecken. Die bewußte Wiederaufnahme vorbürgerlicher Formen und Ideale soll als notwendiges Moment in der »heroischen Phase« der bürgerlichen Gesellschaft begreifbar werden, die im Zeitalter der Französischen Revolution ihre eigenen Grenzen zu überschreiten vermeinte. Diese historischen Bedingungen und Leistungen einer sich autonom setzenden Dichtung auszumachen, erfordert ein literaturwissenschaftliches Untersuchungsverfahren, für das Werkinterpretation, Gattungspoetik, Formtheorie, Sozialgeschichte und ökonomische Analyse nicht länger methodische Gegensätze, sondern einander hervortreibende Erkenntnisschritte darstellen. Ein solches Verfahren wird hier am Gegenstand entwickelt und zugleich erprobt.

Heinz Schlaffer
Der Bürger als Held

Sozialgeschichtliche Auflösungen
literarischer Widersprüche

Suhrkamp Verlag

edition suhrkamp 624
Erste Auflage 1973
© Suhrkamp Verlag, Frankfurt am Main 1973. Erstausgabe. Printed in Germany. Alle Rechte vorbehalten, insbesondere das der Übersetzung, des öffentlichen Vortrags und der Übertragung durch Rundfunk und Fernsehen, auch einzelner Teile. Satz, in Linotype Garamond, Druck und Bindung bei Georg Wagner, Nördlingen. Gesamtausstattung Willy Fleckhaus.

Inhalt

Einleitung 7

I. Epos und Roman. Tat und Bewußtsein. Jean Pauls »Titan« 15

II. Poesie und Prosa. Liebe und Arbeit. Goethes »Bräutigam« 51

III. Tragödie und Komödie. Ehre und Geld. Lessings »Minna von Barnhelm« 86

IV. Ergebnis und Methode. Vorbürgerliche Heroik in der bürgerlichen Gesellschaft. Probleme sozialgeschichtlicher Werkinterpretation 126

Einleitung

Die richtige Einsicht, daß Literaturwissenschaft sich methodisch ausweisen muß, erweckt oft die falsche Erwartung, daß methodische Überlegungen den Ausgangspunkt konkreter Interpretationen hervorbringen müßten. Methoden taugen nur zur Sicherung und Wiederholung von Erkenntnissen, was eine Übertragung auf neue Gegenstände einschließt, sofern diese mit bereits erforschten gleichartig sind. Gerade diese Homogeneität der Objekte können aber die historisch-hermeneutischen Wissenschaften nicht voraussetzen. Die jedem literarischen Text eigene und ihn prinzipiell von allen naturwissenschaftlichen Objekten unterscheidende Sinnstruktur, sein Bedeutungsgehalt und seine geschichtliche Individualität widersetzen sich den bereits definierten, zur Methode geronnenen Auslegungshorizonten. Zudem verbietet sich eine szientifische Objektivierung des Textes, weil Interpret und interpretandum – soll Verstehen überhaupt möglich sein – sich auf einer gemeinsamen Ebene ›semantischer Orientierung‹ bewegen.[1] Die Ungleichartigkeit der historischen Gegenstände untereinander und ihre Gleichartigkeit mit dem Erkenntnisinteresse des Interpreten halten den Nutzen und das Recht methodischer Abstraktionen in Grenzen. Will man verhindern, daß eine verselbständigte Methode die Intentionen, die Bedeutungsfülle und den geschichtlichen Stellenwert ihres Gegenstandes von vornherein verkürzt, so muß man sie auf Kontrollfunktionen und theoretische Besinnung im Prozeß der historischen Rekonstruktion beschränken.

---

[1] Vgl. Dietrich Harth, *Begriffsbildung in der Literaturwissenschaft. Beobachtungen zum Wandel der ›semantischen Orientierung‹*, Deutsche Vierteljahrsschrift f. Lit.wiss. u. Geistesgeschichte 45 (1971), S. 397–433.

Um methodische Legitimation bemüht sich auch diese Arbeit – stellt sie aber bewußt an den Schluß, weil erst die thematisch konkreten Ergebnisse Einsichten in eine mögliche und notwendige Modifikation bisheriger Methoden erlaubt und erfordert haben. Der Ursprung literarhistorischer Erkenntnis wird stets in jenem Akt zu suchen sein, in dem die Schwierigkeit, etwas zu verstehen, mit der vorgreifenden Idee zusammenfällt, welche sie zu beheben vermag (was sich freilich, soll die Erkenntnis Folgen haben, wiederholen muß, indem jede Auflösung zu komplexeren Schwierigkeiten weitertreibt). Solche Ideen, die sich nach Vorverständnis, Interesse und Wertungen des Interpreten strukturieren[2], reichen zwar für eine extensivere Untersuchung nicht aus, sind aber durch Methoden nicht zu ersetzen. Vorreden, Einleitungen sollten den subjektiven Ursprung der unternommenen Arbeit nicht hinter dem – ex eventu geschmiedeten – Panzer methodischer Abstraktionen verbergen. Deshalb mag es inhaltlich zufällig, doch prinzipiell wichtig sein, wenn ich Anfang und Fortgang des hier behandelten Themas skizziere.

Bei der Lektüre von Jean Pauls *Titan* folgte der mehrmaligen Spannung, die Albanos Entschluß erweckte, an der Seite der französischen Revolutionsarmee in den Krieg zu ziehen, stets die Enttäuschung, daß seine Absichten immer wieder stocken, schließlich in Vergessenheit geraten. Bedeutsam und blind zugleich schien das Motiv: auf das zentrale historische Ereignis der Epoche bezogen und dennoch folgenlos für die Biographie der Romanfigur. Einmal konstatiert, war dieser Widerspruch an anderen Stellen des Romans wiederzufinden, vor allem an der Divergenz heroischer und melancholischer Momente in Charakter und

---

[2] In diesen Vorgriff sind allerdings methodische Erfahrungen eingelagert, aber sie bezeichnen lediglich den Punkt, bis zu dem ein Verständnis gelangen konnte, das sich jetzt – an der vom Gegenstand erzwungenen Fragestellung – als unzulänglich erweist.

Geschichte Albanos. In gattungspoetische Relationen gebracht, ließ sich diese Heterogeneität aus der Mischung von Elementen des heroischen Romans und des Bildungsromans im *Titan* verstehen. War so das Problem durch Generalisierung vorläufig aufgelöst, so entstanden neue Schwierigkeiten, bedachte man den historischen Abstand zwischen den beiden Romantypen, einem zeitgenössischen und einem längst vergangenen: was bedeutete die Rezeption einer vorbürgerlichen Romanform innerhalb einer bürgerlichen? Daß die veraltete Form gerade dem aktuellen politischen Ereignis zur Darstellung verhalf, legte einen Zusammenhang nahe, den der Blick auf Hölderlins *Hyperion* bestätigte: auch hier begleiteten heroische Bilder das Thema der Revolution. Damit war die historische Verallgemeinerung der Fragestellung eingeleitet: was ist der Grund für die Wiederaufnahme vorbürgerlicher Welt- und Figurenentwürfe in der heroischen Phase der bürgerlichen Geschichte, in der Revolution? Welche ›unbürgerlichen‹ Ideen vermitteln sie vorübergehend oder bleibend der bürgerlichen Gesellschaft? Diesem interpretativen Schlüssel öffneten sich nun andere Werke, verwandt in der Problematik, abgewandelt – je nach Gattung – in der Thematik: Goethes *Bräutigam*, Lessings *Minna von Barnhelm* wurden als komplementäre und differente Leistungen in der Lyrik, auf dem Theater verständlich. Da für den scheinbaren Sonderfall des Unbürgerlichen im bürgerlichen Bewußtsein repräsentative Werke der bürgerlichen Literatur einstanden, bot sich der Gedanke an, bürgerliche Poesie überhaupt aus ihrer Neigung zu vorbürgerlichen, heroischen Idealen und dem gleichzeitigen Widerspruch zur bürgerlichen Gegenwart zu begreifen. Interpretation des Einzelwerkes, Gattungspoetik (im Sinne einer Theorie der Rezeption von literarischen Traditionen) und Sozialgeschichte (im Sinne einer Theorie der Widersprüche in der bürgerlichen Gesellschaft) verschränkten sich dabei in solchem Maße, daß diese ungewohnte und dennoch unumgängliche Verbindung schließlich selbst Gegenstand einer methodischen Überprüfung werden mußte.

Ungefähr gliedert die innere Geschichte meiner Untersuchung bereits ihren Aufbau. Gegen die äußere Chronologie von Entstehungsdaten[3] ist die Folge beibehalten, in der ich die drei Werke (und durch sie drei Probleme) behandelt habe. Sie bezeichnet eine nicht umkehrbare Sequenz von Erkenntnisschritten. Bewußt jedoch ist die Auswahl der drei Werke so getroffen, daß sie die drei literarischen Hauptgattungen repräsentieren. Das soll helfen, verschiedene, ja extreme Möglichkeiten poetischer Darstellung, historisch konkretisiert: die prinzipielle Situation bürgerlicher Dichtung zu bestimmen. Häufig verfallen nämlich literarhistorische Arbeiten, besonders mit sozialgeschichtlichem Einschlag, dem Irrtum, die *literarischen* (d. h. traditionell festgelegten) Besonderheiten einer Gattung unvermittelt zu *historischen* (d. h. zeittypisch-einmaligen) zu erklären. Erst die Erkenntnis des Gemeinsamen in verschiedenen Formen gestattet jedoch den Rückschluß auf ihre historische Basis. – Innerhalb der Trias Epik – Lyrik – Dramatik werden jeweils zwei Untergattungen kontrastiert: Epos und Roman, (in spezieller Bedeutung:) Poesie und Prosa, Tragödie und Komödie. Zum gattungspoetischen Unterschied der Gegensatzpaare tritt ein historischer hinzu, den die Werke selbst einführen, indem sie ihr unwiederholbares Vorbild als vergangene Form (weil Form eines vergangenen Inhalts) von der eigenen, zeitgenössischen Problematik (und der ihr gemäßen Form) absetzen. Rezeption und Kritik des älteren Gestaltschemas macht also im Werk seinen Bezug zur geschichtli-

---

[3] Der *Titan* entstand 1797–1803, *Der Bräutigam* wahrscheinlich 1824/25, *Minna von Barnhelm* 1764–65. Daß diese Werke einem Zeitraum von sechzig Jahren entstammen, zeigt an, daß ich die ›heroische Phase‹ des Bürgertums nicht auf die exakten Jahre der Französischen Revolution beschränke, vielmehr einen sozialgeschichtlichen Prozeß zu fassen suche, dessen politisch prägnantester Ausdruck die Französische Revolution gewesen ist.

chen Zeit bewußt. Es thematisiert das Verhältnis seiner zeitgenössischen Erfahrung zu analogen Werken der Vergangenheit. Diese älteren (hier: vorbürgerlichen) Alternativen werden erst durch eine immanente Interpretation sichtbar, die das jüngere Werk selbst leistet, indem es eine problematische Fortsetzung der Tradition versucht und scheiternd den historischen Charakter jener Werke enthüllt, die zu ihrer Zeit, abgestützt durch inhaltliche Konventionen, ein rein literarisches Leben führen konnten. Deshalb ordnen sich den literarischen Gegensatzpaaren inhaltlich-historische zu: den vorbürgerlichen, aristokratischen Idealen Tat, Liebe, Ehre stehen zentrale Begriffe der bürgerlichen Wirklichkeit gegenüber: Bewußtsein, Arbeit, Geld.

Erweisen die Interpretationen letztlich Grundwidersprüche der bürgerlichen Praxis als Ursprung und Gegenstand bürgerlicher Dichtung, so habe ich dieser Deutung ihren Weg durch die Wahl solcher Texte erschwert, deren sozialer Gehalt und geschichtlicher Sinn nicht auf der Hand liegt (zumindest haben die bisherigen, zahlreichen Interpretationen – handelt es sich doch um wohlbekannte, anerkannte Hauptwerke aus dem Kanon klassischer deutscher Poesie – nie diese Richtung eingeschlagen). Je ferner das Ergebnis der konsequenten Untersuchung vom ersten Eindruck der Werke zu stehen kommt – und dabei zeigen kann, wie selbst dieser Eindruck durch den gegenläufigen historischen Grund hervorgebracht ist –, desto stringenter wird die hier in Anschlag gebrachte soziologische, ›materialistische‹ Theorie ästhetischer Leistungen sein. Sie verliert nämlich dort ihre Beweiskraft, wo sie sich mit Vorliebe an Werke hält, deren gesellschaftliche Thematik bereits vom Inhalt her deutlich ist, über den die Interpreten dann meist nicht hinauskommen – es sei denn durch Bewertungen innerhalb der Skala ›kritisch-affirmativ‹. Mit den herkömmlichen ästhetischen Theorien kann eine ›materialistische‹ nur konkurrieren, wenn sie *allen* Werken gerecht zu werden vermag, d. h. deren je besonderen Sinn entschlüsselt und nicht dem vorgefaßten Begriff pauschal unterwirft.

Obgleich hier so etwas wie eine sozialgeschichtliche Werkinterpretation versucht wird, ist sie nicht das einzige, nicht einmal das vorherrschende Ziel. Es wäre weder sinnvoll noch zulässig, literaturgeschichtliche Immanenz durch ein soziologisch-historisches Verständnis aufs neue zu befestigen. Im gleichen Maß, in dem Gestalt, Sinn und Leistung der Werke aus ihren gesellschaftlichen Zusammenhängen neu erschlossen werden, eröffnen sich neue Aspekte der Gesellschaftsgeschichte. Wie Kunst durch ihre bestimmten gesellschaftlichen Verflechtungen charakterisiert ist, so charakterisiert es eine Gesellschaft, welcher Kunst sie bedarf. In unserem Fall: kein anderes Medium als die Kunst erhellt so deutlich die heroische Intention, aus der sich der historisch besondere Widerspruch der bürgerlichen Gesellschaft am Übergang vom 18. ins 19. Jahrhundert ablesen läßt. Verständnis der bürgerlichen Literatur und Erkenntnis der bürgerlichen Gesellschaft bilden eine genetisch-funktionale Einheit in der geschichtlichen Wirklichkeit und in der kritischen Interpretation.

Schließlich sind noch die wirkliche Gefahr und der eventuelle Vorwurf falscher Aktualisierung abzuwehren. Dieser wird häufig und oft mit Recht gegen sozialgeschichtliche, gar sozialkritische Interpretationen vergangener Texte erhoben und mag sich im vorhinein bei solchen Begriffen wie ›Arbeit‹ oder ›Geld‹ einstellen. Er soll nicht mit der allgemeinen hermeneutischen Entschuldigung abgetan werden, daß Deutung des Vergangenen immer Übersetzung, also Aktualisierung für die heutigen Leser bedeute. Denn für unseren Gegenstand gilt eine präzisere Relation zwischen seiner Zeit und der des Interpreten: im hier behandelten Zeitraum, der vom gesellschaftlichen und politischen Aufstieg der bürgerlichen Klasse geprägt ist, beginnen jene gesellschaftlichen Widersprüche zu dämmern, deren Grund und Ausmaß erst später, von der Marxschen Theorie, voll begriffen wurde, Widersprüche, die – sowenig wie ihre Theorie – nichts an Aktualität verloren haben. Den historischen Abstand zwischen der Entstehung der bürgerlichen Gesellschaft und der Theorie, welche sie umfassend thematisiert, vermindern jedoch Vorgriffe und Ansätze zu einer Kritik der bürgerlichen Gesellschaft, welche sie bereits während ihrer ›heroischen Phase‹ selbst nachdenklich begleiten. Ihre Antagonismen, die damals gerade durch eine heroische Überanstrengung bürgerlicher Möglichkeiten zutage treten, bewirken den Beginn gesellschaftlicher Selbsterkenntnis. Daraus ergibt sich der für eine sozialgeschichtliche Interpretation günstige Umstand, daß sie den poetischen Texten zeitgenössische prosaische Sätze zur Seite und gegenüberstellen kann, welche genau die Problemlage beschreiben, die auch den Dichtungen zugrunde liegt und der diese trotzdem entkommen wollen. Derartige Dokumente helfen, den theoretisch-historischen Bezug der Werke und ihre poetische Abweichung von solchen skeptisch-kritischen Positionen auszumachen. Daß sie ausgiebig zitiert werden, soll auch den hohen Erkenntniswert in Erinnerung bringen, der in diesen frühen Beispielen einer Kritik von Praxis, Bewußtsein und Kunst der bürgerlichen Epoche liegt und der von der späteren Geschichtsschreibung und Literaturhistorie kaum genutzt worden ist.

Obwohl frühbürgerliche Poesie und Theorie dem historischen Verständnis und der heutigen Begriffsbildung vorgearbeitet haben, dürfen doch die Unterschiede nicht eingeebnet werden. Die kritischen Anfänge der Zeitgenossen sind zwar erhellend für das Detail und signifikant für das Ganze, die gesellschaftliche Totalität jedoch können sie nicht oder nur schemenhaft greifen. Darum ist es dem Historiker aufgegeben, nicht nur mit Hilfe entwickelter Theorien diese gesellschaftliche Totalität an ihrem geschichtlichen Punkt zu rekonstruieren, sondern auch die Ursache aufzudecken, weshalb sie den Zeitgenossen undeutlich bleiben mußte. In diesem Abstand der begrenzten Selbstkritik von einer umfassenden historischen Kritik wird dann der gemeinsame Grund für Möglichkeiten und Grenzen jener bürgerlichen Poesie zu suchen sein: dem Bewußtsein der eigenen Problematik verdankt sie ihren Ernst und ihre Leiden, der Lückenhaftigkeit dieses Bewußtseins ihre Hoffnungen und ihre Illusionen.

I. Epos und Roman. Tat und Bewußtsein. Jean Pauls »Titan«

Albano, der Held in Jean Pauls *Titan*, gilt fast bis an den Schluß des Romans als Graf von Cesara. Der Name »Cesara« ist keine willkürliche Erfindung, sondern ein Programm des Erzählers und ein Vorsatz seines Helden: die Anspielung auf ›Cäsar‹ hören beide heraus.[1] Sie vermittelt das antike Muster heldischer Taten und politischer Größe an einen Jüngling, dessen Leben in den neunziger Jahren des 18. Jahrhunderts im höfisch-aristokratischen Milieu eines deutschen Duodezfürstentums spielt. Bilder antiker Helden hält sich Albano durch das Studium »der heroischen Vergangenheit« am Plutarch (102) und durch den Besuch Roms als Leitbilder vor: »die großen Menschen einer größern [Zeit] traten unter ihre Triumphbogen und winkten ihm, näher zu ihnen zu kommen« (43). Der Autor bestätigt ihm, daß die Adaption der heroischen Urbilder gelungen sei, indem er Albano als »Heros« (17) und »Herkules« (33, 75) apostrophiert. Zwischen der »kriechenden Zeit« (43) bürgerlicher Gegenwart und dem – wohl oder übel literarischen – Bewußtsein von heroischen Möglichkeiten in antiker, ja mythischer Vergangenheit bildet Albanos (angeblicher) Vater eine behelfsmäßige Brücke: als Ritter vom Goldenen Vlies erinnert er an das imperiale, in römischer Tradition stehende und sich als römisch verstehende Reich, das diesen Orden eingerichtet hatte, und an die Taten griechischer

---

[1] Vgl. Jean Paul, *Titan*, München 1966 (= J. P., *Werke*, hg. von Norbert Miller, Bd. 3), S. 106: Albanos »Sehnsucht, Don Zesara [= seinen Vater] zu sehen, entflammte sich an der römischen Geschichte mehr, welche Cäsars kolossalisches Bild vor ihm in die Höhe stellte und darunterschrieb: Zesara.« Ähnlich S. 813, wo »de Cesara« als selbstgewählter Name des Vliesritters Gaspard erscheint. – Nach der genannten Ausgabe wird im folgenden mit Seitenzahlen zitiert.

Helden, die diesem Orden den Namen gaben. Abglanz antiker Größe und Glanz persönlichen Ranges fällt auf Albano, wenn er sich am Ende des Romans als Fürstensohn entpuppt und seine Thronübernahme vom Kaiser legitimiert wird. Selbst wenn es der politischen Rechtfertigung dient, führt ein poetisches Band von jeder Aristokratie in die Heldenzeit zurück. Bei solcher politischer Konstellation und individueller Konstitution nimmt es nicht wunder, daß Albanos Entwürfe stets darauf gehen, seiner inneren Anlage zum Helden – oder zumindest seiner Neigung zum Heldischen – in großen Taten ein Äquivalent in der äußeren Wirklichkeit zu schaffen. Zunehmend verdichten sich diese Pläne in der Absicht, auf der Seite der französischen Revolutionsarmee in den Krieg zu ziehen.

Eindeutig zeichnet sich so die Gestalt eines heldischen Jünglings ab, doch zweideutig ist das Verhältnis zu jener Wirklichkeit, in der sich gerade eine Gestalt ausweisen muß, die eine heroische zu sein beansprucht, also auf die Tat hin angelegt ist. Das adjunktive ›oder‹, das der Roman eingangs dem Leser als Namen für seinen Helden »Albano oder Cesara« (16) anbietet, stellt sich im Fortgang der Geschichte als disjunktives heraus: nur im ersten Band gebraucht der Erzähler den Familiennamen, dann geht er zum vertrauteren Vornamen über; jener – so löst der Schluß die Rätsel – war der falsche gewesen. Albano stammt nicht von Cesara ab und hat also auch mit Cäsar, dem Namenspatron, nichts weiter gemein. Das hat zu diesem Zeitpunkt der Roman in den Details und im Ganzen von Albanos Entwicklung zur Genüge nachgewiesen. Bereits im »hart kriegerischen« Vater erscheint die heroische Statur, die sich durch die Namenswahl »de Cesara« abgestützt hatte, ironisch gebrochen, wenn er Schlachtfelder besucht, nicht um Schlachten darauf zu schlagen, sondern »für wissenschaftliche Zwecke« (15); die Assoziation zum Festungs- und Belagerungshobby von Sternes Onkel Toby verkleinert das Standbild des Heldenvaters auf ein humoristisches Maß. Aus den Kriegsplänen des Sohnes, Albanos, wird ebenfalls nie Ernst: sie bleiben ein »großgewachsener Vorsatz« (589), den – stets neu gefaßt – stets neue Umstände vereiteln. Hinter dem Vorgänger in solch entschlossen-zuwartendem Verhalten, hinter Hamlet, blickt der komische Prototyp des Zauderers durch, ein Vater Shandy etwa, der nie dazu kommt, seine ständig beteuerte Absicht, die quietschende Türe zu ölen, in die Tat umzusetzen. Wie in Hamlet die komische Figur in die Tragödie rückt, ein Element des niederen Stils in den hohen, so stimmt der komische Zug auch den Helden des *Titan*, der nach Jean Pauls eigener Klassifikation im hohen Stil gehalten ist, um mindestens eine Stufe herab. (Die Parallelität von Hamlet und Albano ist nicht zufällig, sondern – wie wir sehen werden – die genauer Beziehung.)

Die Albano »regierende Sehnsucht nach Krieg und Taten« (652) gewinnt nur subjektive Realität, als »Sehnsucht«, nicht objektive, als »Krieg und Taten«. Der angeblich heroische Charakter offenbart sich als romantischer, dem das Heroische nur poetischer Inhalt seiner romantischen Existenz ist. Das Heroische liefert, auf seinen Realitätsgehalt in Albanos Leben untersucht, nur einen Aspekt seiner Innerlichkeit – im diametralen Gegensatz zum Bild des ursprünglichen Heros, der keine Innerlichkeit kennt, weil er ganz draußen in der Welt weilt, handelnd der möglichen Entzweiung von Innerlichkeit und Äußerlichkeit zuvorkommt. »Der großherzige, nie eng-, immer weitbrüstige Jüngling« findet »in seiner feierlichen, schmerzlichen Stimmung alles Tragische, Edle und Unedle größer, als es war« (426). Das Große, in dem und dem Albano zu leben wähnt, hat er als das Größere seines Herzens produziert; die Dimensionen der Vorstellung verfehlen die der Wirklichkeit. »In seinen Muskeln glühte überflüssige Kraft« (356) – überflüssig, da sie den Weg zur Tat nicht findet, und überflüssig, da die Welt solcher Taten anscheinend nicht mehr bedarf. Melancholisch blickt Albano, angesichts solcher Disproportion von Wille und Möglichkeit auf seine antiken Vorbilder zurück, die als Heroen in einer heroischen Welt gelebt hatten: »Ach, hätt' ich auf der nichtigen Erde voll alter Ewigkeit, die ihr groß gemacht, nur eine Tat eurer wert getan!« (574). Scheint einmal die Tat unausweichlich – Roquairol fordert Albano zum Duell –, so lehnt Albano solches Ansinnen als bloße Äußerlichkeit ab und begnügt sich damit, seinen Gegner zu verachten. Gesinnungen statt Taten: einem Romanhelden mag es anstehen, aber nicht dem Helden, der Albano selbst im Roman sein wollte und nach dem Willen Jean Pauls auch sein sollte.

Statt des geplanten und als Plan ständig beteuerten Heldenlebens entfaltet sich im *Titan* nur Albanos Seelen- und Liebesleben. Auch hier sind die heroischen Illusionen noch nicht gänzlich erloschen, aber doch so weit zu bloßen Begleitvorstellungen umgewandelt, daß sie ruhig in dem Irrealis stehen können, der Liebhaber üblicherweise gefangen hält: »Nicht sie«, die Geliebte, »an sein Herz zu drükken, war jetzt sein Sehnen, sondern dieses Wesen, das so oft gelitten, aus jeder Flamme zu reißen, für sie mit dem Schwerte auf ihren Feind zu stürzen, sie durch die tiefen kalten Höllenflüsse des Lebens mächtig zu tragen – – das hätte sein Leben erleuchtet« (216). Es hätte – seine Phantasie erleuchtet's zumindest. »Heroische Schwermut« (593) erwächst ihm aus der Einsicht, daß seine heroischen Ideen nur notdürftig die Untätigkeit seines wirklichen Lebens verdecken, eine Untätigkeit, die freilich nicht die der Leere, sondern der Fülle ist, nämlich Fülle der Innerlichkeit. Sie hat ihre eigene Wirklichkeit: Liebe, Freundschaft, Kunst und Studium, Landschaft, Träume und Gedanken, bewußtes und unbewußtes Erleben.

Alle diese entschieden unheroischen Phänomene, die den eigentlichen Inhalt von Jean Pauls Roman ausmachen, sind uns im gleichen Maße vertraut, wie uns die heroischen

Elemente verwunderlich waren. Denn nichts anderes als die Hauptthemen des bürgerlichen Bildungsromans treten jetzt zutage. Nehmen wir seine Welt als die im *Titan* intendierte und gültige an, so gewinnen selbst die heroischen Elemente einen neuen Stellenwert: sie wären dann – vergleichbar dem Platonismus Agathons oder der Theatromanie Wilhelm Meisters – als eine spezielle Form der Illusion zu interpretieren, womit der Held eines Bildungsromans vorgreifend sein Leben in der Welt bestimmen will, ehe ihm an herben Enttäuschungen der wahre Charakter der Wirklichkeit und seiner Möglichkeiten in ihr aufgehen. Als solchen Enthusiasmus einer Durchgangsstufe will bereits Gaspard im Roman die Vorliebe für das Heldische und Erhabene bei seinem Sohne verstehen; er meint, »daß überall der Jüngling gleich den Völkern das Erhabene besser empfinde und leichter finde als das Schöne, und daß der Geist des Jünglings vom Starken zum Schönen reife« (579). Im Reifeprozeß des Jünglings wäre die heroische Haltung Albanos psychologisch begriffen und relativiert; an anderer Stelle analysiert wiederum Gaspard das Verhältnis von heroischer Neigung und Untätigkeit und löst den Widerspruch im Konzept harmonischer Bildung auf: »›Es gibt‹ (sagt' er) ›einige wackere Naturen, die gerade auf der Grenze des Genies und des Talentes stehen, halb zum tätigen, halb zum idealischen Streben ausgerüstet – dabei von brennendem Ehrgeiz. – Sie fühlen alles Schöne und Große gewaltig und wollen es aus sich wieder erschaffen, aber es gelingt ihnen nur schwach; sie haben nicht wie das Genie *eine* Richtung nach dem Schwerpunkt, sondern stehen selber im Schwerpunkte, so daß die Richtungen einander aufheben. Bald sind sie Dichter, bald Maler, bald Musiker; am meisten lieben sie in der Jugend körperliche Tapferkeit, weil sich hier die Kraft am kürzesten und leichtesten durch den Arm ausspricht. Daher macht sie früher alles Große, was sie sehen, entzückt, weil sie es nachzuschaffen denken, später aber ganz verdrüßlich, weil

sie es doch nicht vermögen. Sie sollten aber einsehen, daß gerade sie, wenn sie ihren Ehrgeiz früh einzulenken wissen, das schönste Los vielartiger und harmonischer Kräfte gezogen; sowohl zum Genusse alles Schönen als zur moralischen Ausbildung und Besonnenheit ihres Wesens scheinen sie recht bestimmt zu sein, zu *ganzen* Menschen; wie etwan ein Fürst sein muß, weil dieser für seine allseitige Bestimmung allseitige Richtungen und Kenntnisse haben muß"« (589 f.).
Aber hinter diesen Interpretationen, welche die ungewohnten Züge in Albanos Gestalt in die gewohnten Bahnen des Bildungsromans zurücklenken möchten, steht nur Gaspard, eine Romanfigur, die nicht vom Romanerzähler legitimiert, sondern eher mit kritischer Zurückhaltung betrachtet wird. Die Lust an der Prophezeiung, das skeptische Abwägen von Entwicklungen sind weit mehr feste Bestimmungsstücke von Gaspards eigenem Charakter, als daß sie den Albanos und den des *Titan* zu bestimmen hülfen. Und tatsächlich verrät der Roman bis ans Ende keine Anzeichen der prognostizierten Versöhnung: nie gibt Albano seine heldenhaften Vorsätze auf; nicht einmal die schließliche Berufung zum Fürsten kann er als Einlösung gelten lassen, weil sie ja nur in dem Bereich höfischer Politik geschieht, den er von Anfang an verachtet hat. Der Widerspruch zwischen Bildung und Heroismus, Untätigkeit und Tatendrang, Innerlichkeit und Weltlichkeit bleibt als objektiver bestehen – objektiviert auch in den Gattungsformen, die der *Titan* mischt, aber nicht vereint: die des modernen bürgerlichen Romans (mit dem Hervortreten des subjektiven Erzählers, dem Übergewicht der Reflexion, der humoristischen Sprache, dem Interesse für die innere Geschichte der Figuren etc.) und die des älteren heroischen Romans (man beachte die in-mediis-rebus-Technik des Beginns, das fürstlich-höfische Milieu, die Verknüpfung von Staats- und Liebesgeschichte und etwa das traditionelle Motiv, die Herkunft des Helden unsicher zu lassen, bis er sich zuletzt als legitimer Thronfolger enthüllt).

Die Versuche, den Widerspruch zu lösen, Funktion und Stellenwert der heroischen Elemente im Roman immanent zu begreifen, sind gescheitert. Der Grund für solches Unvermögen läßt sich – sehen wir von dem des Interpreten ab – darin vermuten, daß Jean Paul vereinen wollte, was die historische Stunde als Einheit nicht mehr erlaubte. Die Form Roman und das in ihr eingeschlossene Bewußtsein der Zeit rebellierten – wenn die Hypothese stimmt – gegen den aufgezwungenen Inhalt, gegen eine heroische Konzeption, die in eine andere Gattung und in eine andere Epoche gehört. Eine Gattungspoetik, die den ›geschichtsphilosophischen‹ (konkreter, freilich verkürzt gesprochen: den sozialgeschichtlichen) Ort der heroischen wie der innerlichen Existenz und ihrer literarischen Formen zu bestimmen sucht, muß die Stichhaltigkeit dieser Hypothese erweisen.

Daß dem Problem, heroische Elemente in einen am Beginn des 19. Jahrhunderts entstandenen Roman zu integrieren, das tiefere Problem zugrunde liegt, wo denn in dieser Zeit Platz sei für das Heroische – dafür liefert der *Titan* selbst ein Indiz: alle ›Taten‹ des Romans werden entweder von Albano für die Zukunft versprochen oder als von einstigen Helden getane ihm vorgehalten; nie ereignen sie sich hier und jetzt. An der realen Untätigkeit scheint weniger die Beschaffenheit Albanos als die der Zeit schuld zu sein, und jene folgt höchstens aus dieser. Was aus den künftigen Taten geworden ist, erfahren wir nicht, und unsere Prognosen können nicht zuversichtlich lauten; die vergangenen Taten dagegen besitzen feste Gestalt: es sind die mythischer Halbgötter (Herkules), homerischer Helden und griechisch-römischer Herrscher (Alexander, Cäsar), alle aus antiker Dichtung und Geschichte tradiert; kein Vertreter der neueren Zeit schließt sich ihnen an.[2] In den Augen des 18. Jahrhunderts

---

[2] Eine ähnliche Konstellation der Zeiten gilt für die heroisierenden Antikenstudien Julius' in Schlegels *Lucinde:* »Er vergaß sein Zeitalter und bildete sich nach den Helden der Vorwelt, deren Ruinen er mit Anbetung liebte. Auch für

war das heroische Zeitalter die Antike, wenn nicht die archaische Vorantike – in den Bildern von Albanos elegischem Bewußtsein liegt unbegriffen jene historische Anschauung, die Hegel als »epischen Weltzustand« auf den Begriff gebracht hat. Er benennt die Voraussetzungen, unter denen der Heros möglich und notwendig gewesen sei: ein vorgesetzliches, vorstaatliches Zeitalter, in dem die Verhältnisse von Familie und Volk zwar schon entwickelt, aber noch nicht in an sich gültigen Satzungen erstarrt seien, so daß einzig das Individuum für das Rechte stehe und durch die Tat erst die Ordnung des Lebens begründe.[3] Der Offenheit der äußeren Wirklichkeit entspreche die Freiheit des selbständigen Handelns, denn »die wahre Selbständigkeit besteht allein in der Einheit und Durchdringung der Individualität und Allgemeinheit, indem ebensosehr das Allgemeine durch das Einzelne erst konkrete Realität gewinnt, als das einzelne und besondere Subjekt in dem Allgemeinen erst die unerschütterliche Basis und den echten Gehalt seiner Wirklichkeit findet«.[4] Diese Epoche und mit ihr die Möglichkeitsbedingung der heroischen Existenz enden in dem Augenblick, da sich die autonomen Gesellschaftsformen – konkret gesprochen: die einer Gentilgesellschaft – zur Staatlichkeit verfestigen, politische Herrschaft, Recht, Privateigentum, arbeitsteilige Wirtschaft und die religiösen Institutionen herausbilden.[5] Ironisch ließe sich sagen, daß

---

ihn selbst gab es keine Gegenwart, denn er lebte nur in der Zukunft und in der Hoffnung, dereinst ein ewiges Werk zu vollenden zum Denkmal seiner Tugend und seiner Würde.« (F. S., *Kritische Ausgabe*, Abt. 1, Bd. 5, hg. von Hans Eichner, München u. a. 1962, S. 50).

[3] Vgl. Georg Wilhelm Friedrich Hegel, *Ästhetik*, hg. von Friedrich Bassenge, Frankfurt o. J., Bd. 2, S. 413 f.

[4] Ebd., Bd. 1, S. 180.

[5] Eine historisch-ökonomische Theorie des »heroischen Zeitalters« und seiner Auflösung durch die »Zivilisation«, die staatlich-rechtliche Organisation der Polis, entwickelt Friedrich Engels in seiner (Lewis H. Morgan folgenden) Analyse der Gentilgesellschaft: F. E., *Der Ursprung der Familie, des Privateigentums und des Staats* (1884), in: Karl Marx / Friedrich Engels, *Werke*, Bd.

die Folgen der heroischen Leistungen nun die Helden überflüssig machen, weil die von ihnen geschaffene Ordnung für sich weiterbestehen kann. Als Denkmal hält der Mythos die Taten des Herkules in einer Welt fest, die den Vergöttlichten nicht mehr braucht und ihn am Sternenhimmel in jener Abstraktheit verehrt, die das geordnete System der nachheroischen Zeit angenommen hat. Und ähnlich ironisch vermittelt das Epos die Taten der Vorfahren den Enkeln als poetische Gegenstände, die dem praktischen Leben der Polis-Bewohner schon ferngerückt sind.

Das Epos zeigt den historischen Untergang der heroischen Welt an und bewahrt zugleich ihr poetisches Bild. Sein Glanz verführt noch die spätere Zeit, die längst den Heros durch den Beamten ersetzt hat, wenigstens in der Dichtung heroisches Leben zu wiederholen, aber in die versuchte Wiederholung dringen dennoch die Bedingungen der eigenen, andersartigen Zeit ein und widerlegen die Fiktion an Form und Inhalt. So scheidet bereits Vergils *Aeneis* etwas Beamtenmäßiges und allzu Wohlgeordnetes vom homerischen Vorbild. Das Mittelalter wiederholt teilweise in seiner unfertigen Staatlichkeit Grundzüge des heroischen Zeitalters: im Lehnswesen haben persönliche Bindungen den Vorrang vor Sachordnungen und gewähren dem Rittertum einen größeren Spielraum individueller Entscheidungen, die das höfische Epos zur freien, dem alten Heroentum scheinbar analogen Selbständigkeit stilisieren kann. Aber die Ritter halten dem Vergleich nicht stand[6]: ihre Taten begründen keine Werke, sondern machen nur das Individuum selbst geltend. Dieser Unernst gegenüber der äußeren Wirklichkeit nimmt Gestalt an im ›Abenteuer‹, das an chimärischen,

---

21, Berlin 1969, S. 25–173 (für die antiken Verhältnisse s. vor allem Kap. 4–6 und 9).
6 Die Zeit selbst konnte den Unterschied nicht wahrnehmen: noch Tasso nennt in seinen *Discorsi de poema eroico* (1594) antike Kriegshelden und moderne Liebesritter in einem Atemzug.

konsistenzlosen Umständen die bloß subjektiven, innerlichen Tugenden und Werte des Einzelnen bestätigt. Ein Beispiel mag den Unterschied zwischen dem klassischen und dem romantischen Helden, zwischen Heros und Ritter verdeutlichen: die politischen, notwendigen Zwecke, die dem Heros gesetzt waren, hatten ihn rücksichtslos gegen seine Feinde gemacht; im Krieg und als Sieger kennt er deshalb keine Gnade, Tod oder Versklavung ist das Schicksal des Unterlegenen. Den Ritter jedoch zeichnet gerade Großmut, Mitleid, Rücksicht gegenüber dem Feind aus, vor allem dem besiegten[7]; die für sich, im Kampf und in der Nachsicht doppelt behauptete Ehre wiegt dem Ritter schwerer als der äußerliche Erfolg, der politische Vorteil, den er aus der Niederlage seines Gegners ziehen könnte – könnte, wenn für seine Abenteuer überhaupt ein politisch-reales Beziehungsfeld vorhanden wäre. Dieses aber ist schon im Mittelalter Domäne und Privileg des Staates, so daß dem Individuum – abgedrängt von den sachlichen Fragen oder ihnen dienstbar gemacht – seine sittliche Würde, seine Idee heroischer Größe, sein Tatendrang inhaltlich zur Chimäre, formal zum Ritterroman werden. Mit Absicht nennen wir ihn ›Roman‹ und nicht ›Epos‹, denn ihm eignet statt der tätigen, epischen Einheit von Heros und Welt die Gespaltenheit zwischen innerer Tatentschlossenheit und – haben wir die abenteuerlichen Taten auf ihren Gehalt reduziert – äußerer Tatenlosigkeit. Lediglich in der Abstraktheit kommen die beiden getrennten Seiten, die abstrakte Ordnung des Staats und der abstrakte Wertbegriff des Einzelnen, wieder überein. In der ironisch-poetischen Übersteigerung des *Orlando furioso*, in der satirisch-kritischen Parodie des *Don*

---

[7] Diese Differenz zwischen den Kriegsregeln der Antike und der Moderne hat bereits Adam Ferguson gesehen (s. dessen *Abhandlung über die Geschichte der bürgerlichen Gesellschaft* in der deutschen Übersetzung: Jena 1923, S. 270–286). Daß selbst heute noch solche Unterscheidung der politischen Analyse nützen kann, zeigt Jules Henry, *Soziale und psychologische Kriegsvorbereitung*, Kursbuch 16 (1969), S. 131 f.

Quijote hat die Neuzeit, nicht zufällig in dem Moment, da sich der moderne Staat endgültig gegen die Reste feudaler Autonomie durchsetzt, die Illusion des Ritterhelden verabschiedet.

Gegen diese Entscheidung kämpfte der heroische Roman des 17. Jahrhunderts vergeblich an, obwohl er gegenüber dem Ritterroman des Mittelalters die Szenerie dergestalt modernisiert, daß dem oberflächlichen Blick eine Vereinigung von heroischer Existenz und staatlicher Organisation gelungen scheint, nämlich in der politischen Stellung des neuen Helden, der nun Fürst ist. Selbst im Machtzentrum des Staates sitzend, soll er den Gedanken an die Fremdheit des Staatlichen für das moderne Individuum nicht aufkommen lassen. Aber diese Konzeption widerspricht der historischen Realität, in der der Fürst nur als Repräsentant eines selbständigen Systems fungiert, das nicht durch die Handlungen einer einzigen Person bestimmt, sondern arbeitsteilig von Spezialisten verwaltet wird, und sie widerspricht dem Inhalt des heroischen Romans selbst, der seine Helden weniger mit politischen Staatshandlungen als mit Liebeshändeln beschäftigt, mehr im privaten als im öffentlichen Raume ihre Individualität verwirklicht.[8] Gar das heliodorische Schema der Liebesabenteuer, die Folge von Trennung, Irrfahrt und Wiedervereinigung, enthüllt die äußere Welt als apriorische, überlegene Macht, gegen die der Held abstrakt und innerlich seine bloße Identität setzt, die Treue zu sich und seiner Geliebten – während der antike Heros dieser Welt Form gegeben und sie so zu der seinen gemacht hatte. Und wenn der Held des heroischen Romans am Schluß den angestammten Thron zurückgewinnt, eignet er sich lediglich

---

8 Vgl. Pierre Daniel Huet, *Traité de l'origine des romans* (1670), Facs. Stuttgart 1966, S. 7: »Les Romans [...] ont l'amour pour sujet principal, et ne traittent la politique et la guerre que par incident.« – Ähnlich hatte Boileaus Dialog *Les héros de roman* (1665) bei den modernen Romanhelden (etwa der Scudéry) nur den Namen, nicht den Charakter antiker Helden gefunden.

eine Institution an, die an sich Bestand hat, die objektiv mit einem Usurpator gleich gut besetzt wäre wie mit dem legitimen Prinzen; Bedeutung hat der Vorgang für den Prinzen, dessen öffentliches Schicksal den Leser nur als privates des vorgeführten Romanhelden interessiert, kaum jedoch für den Staat – im Unterschied zum Heros, dessen Taten und Geschick erst den Staat und seine Ordnung stiften.

Diese Einwände treffen auch den *Titan,* insofern er Züge des heroischen Romans verwendet (die Jean Paul übrigens eher durch die Zwischenträgerschaft des Schauerromans als durch die Originale des 17. Jahrhunderts vermittelt sind[9]). Daß Albanos Liebesgeschichte sich mit der Staatsnotwendigkeit verbinden soll, ist jener entweder abträglich (Liane) oder sie scheitert unabhängig vom politischen Kalkül (Linda), oder sie wirkt als Liebesgeschichte blaß (Idoine); daß Albano (geheimer) Fürstensohn ist, erklärt im nachhinein manche rätselhafte Maschinerie des inszenierten Geschehens, bleibt aber ohne Einfluß auf Albanos innere Entwicklung, der vielmehr – und nicht zu Unrecht – höfische Politik mit höfischer Kabale gleichsetzt und verachtet; und daß er schließlich den Thron erbt, wird an den politischen Verhältnissen wie an Albanos apolitischem Charakter nichts ändern.[10] Der Hof, in Albanos Augen als reale Macht korrupt, als Etikette leer, kann für den Helden des *Titan* noch weniger als für seine Vorgänger im heroischen Roman Schauplatz heroischer Taten sein – es sei denn, er würde sich zur Revolution, zur Beseitigung der höfisch-fürstlichen Verhältnisse überhaupt entschließen (ein Gedanke, den Jean Paul in seinen ersten Romanen, der *Unsichtbaren Loge* und

---

9 Diesen Nachweis erbringt Hansjörg Garte, *Kunstform Schauerroman,* Diss. Leipzig 1935.
10 Die voraussehbare Anpassung Albanos an die bisherigen Gepflogenheiten der Regierung deutet sich in dem Entschluß an, den Minister Froulay, einen der Hauptbösewichter im Roman, in seinem Amte zu belassen, ja zu befördern (820): Albano gesteht der Politik anscheinend ihre amoralische Eigengesetzlichkeit zu.

dem *Hesperus*, ernster gedacht hatte und der uns trotz seiner versteckteren Formulierung im *Titan* noch beschäftigen wird).

Alle Versuche der nachantiken Zeit, die verlorene Wirklichkeit des heroischen Lebens wenigstens im poetischen Bild wiederherzustellen, mußten ihr Scheitern eingestehen. Doch bleibt über die negative Bestimmung hinaus, die sich Ritterroman, heroischer Roman (und sein Nachklang im *Titan*) im selbstgeforderten Vergleich mit dem episch-heroischen Vorbild zugezogen haben, noch die Erkenntnis von dem, was sich statt der mißglückten Heroen-Nachfolge im Mißglückten positiv verwirklicht. In diesen Rittern und Fürsten schlägt nämlich insgeheim jene Struktur des modernen Bewußtseins durch, die als bürgerliche zu bezeichnen wir nicht zögern und die in den Figuren des bürgerlich-realistischen Romans, in Deutschland speziell des Bildungsromans, sich verwirklicht: die Trennung zwischen einem inneren Tugendsystem und dem gleichgültigen Draußen, die Passivität gegenüber dem undurchschaubaren Geschehen, der Rückzug auf den privaten Bereich, besonders auf dessen schönsten Teil, die Liebe, die Entwicklung zu einem Charakter, wie ihn Eichendorff als den typischen des bürgerlichen Romans verspottet hat: »retardierend, reflektierend, exponierend und räsonierend, eine Art von Maulheld, der nicht die Ereignisse macht, sondern von den Ereignissen gemacht wird.«[11] Im modernen Roman kommt der geheime Bürger, der unter den ritterlichen und fürstlichen Masken verkleidet gewesen war, zu seiner wahren Gestalt – weshalb Hegel (ähnlich wie Blanckenburg, der den Roman als die moderne, individuelle Epopöe definiert hatte) im Roman »das wieder zum Ernste, zu einem wirklichen Gehalte gewordene Rittertum« erblicken konnte: »Die Zufälligkeit

---

11 Joseph von Eichendorff, *Geschichte der poetischen Literatur Deutschlands*, in: E., *Neue Gesamtausgabe der Werke und Schriften*, hg. von Gerhart Baumann, Bd. 4, Stuttgart 1958, S. 99.

des äußerlichen Daseins hat sich verwandelt in eine feste, sichere Ordnung der bürgerlichen Gesellschaft und des Staats, so daß jetzt Polizei, Gerichte, das Heer, die Staatsregierung an die Stelle der chimärischen Zwecke treten, die der Ritter sich machte. Dadurch verändert sich auch die Ritterlichkeit der in neueren Romanen agierenden Helden. Sie stehen als Individuen mit ihren subjektiven Zwecken der Liebe, Ehre, Ehrsucht oder mit ihren Idealen der Weltverbesserung dieser bestehenden Ordnung und Prosa der Wirklichkeit gegenüber, die ihnen von allen Seiten Schwierigkeiten in den Weg legt.«[12] Freilich macht auch Hegel solchem modernen Romanrittertum keine Hoffnungen auf Erfolg bei dem Bemühen, »ein Loch in diese Ordnung der Dinge hineinzustoßen, die Welt zu verändern, zu verbessern, oder ihr zum Trotz sich wenigstens einen Himmel auf Erden herauszuschneiden. [...] das Ende solcher Lehrjahre besteht darin, daß sich das Subjekt die Hörner abläuft, mit seinem Wünschen und Meinen sich in die bestehenden Verhältnisse und die Vernünftigkeit derselben hineinbildet, in die Verkettung der Welt eintritt und in ihr sich einen angemessenen Standpunkt erwirbt.«[13] Kampf und Tat waren also nur ein kurzes Zwischenspiel; am Ende stehen – wie es der bürgerliche Roman selbst formuliert, als Bildungsziel oder als Desillusion – die objektive Ordnung und das untätige Subjekt halb versöhnt einander gegenüber, nachdem dieses sich jener angepaßt hat.

Die Einsicht des bürgerlichen Romans in die Grenzen individuellen Heldentums in einer längst von abstrakten Geset-

---

12 Hegel, *Ästhetik*, Bd. 1, S. 567. Hegel führt hier einen in der ersten Hälfte des 19. Jahrhunderts geläufigen Gedanken aus (s. Georg Jäger, *Empfindsamkeit und Roman*, Stuttgart 1969, S. 58 f. – dort die folgenden Zitate): nach Theodor Heinsius (1810) soll der Roman den »Kampf mit den Convenienzen und Einrichtungen des gemeinen bürgerlichen Lebens darstellen«, für Friedrich Schlegel (1812) fällt »der Begriff des Romantischen in diesen Romanen [...] meistens ganz zusammen mit dem Begriff des Polizeiwidrigen«.
13 Ebd., S. 567 f.

zen geregelten Welt geht Hand in Hand mit der Kritik der heroischen Ideale, die zu Illusionen heruntergekommen sind. Diese kritische Selbsterkenntnis wird im 18. Jahrhundert manifest an der Rezeption zweier literarischer Figuren, die am Beginn der Neuzeit den Abschied von den heroischen Chimären des Mittelalters dargestellt hatten, deren historische Wirkung aber durch die Restaurationsversuche des 17. Jahrhunderts verzögert worden war: an Don Quijote und Hamlet. Den Bewunderern und Nachahmern im 18. Jahrhundert leuchtete am *Don Quijote* vor allem ein, daß die Idee heroischer Kämpfe mit der Wirklichkeit nicht übereinstimme, nur als falsches Bewußtsein (in der aufklärerischen Interpretation) oder bestenfalls als subjektives Ideal (in romantischer Interpretation) zu verstehen sei. Zurückgeführt auf individuelle Gesinnung, deren Korrelation zum Weltzustand problematisch bleibt, finden wir die Don-Quijote-Situation in den heroischen Charakterzügen eines Albano, eines Hyperion oder eines Wilhelm Meister wieder. Im ironischen Bericht läßt das vierte Buch der *Lehrjahre* ihren Helden eine solche Don-Quijoterie agieren: mit heroischem Entschluß und mit Pistolen bewaffnet führt er die Reisegesellschaft durch eine gefährliche Gegend, wird auch prompt von Räubern überfallen, gegen die er wenig auszurichten vermag – dem Verwundeten und Beraubten, der heldisch für die Damen einstehen wollte, kommt eine Dame zu Hilfe –, ohne daß diese ironische Wendung ihn gänzlich von seinen heroischen Illusionen befreit: noch in der Retterin glaubt er »die edle heldenmütige Chlorinde mit eignen Augen gesehen zu haben«.[14]

Was im Don-Quijote-Modell noch äußerlich behandelt wird, nämlich als Disproportion von Illusion und Realität, und deshalb sich in der Komik – der solches Mißverhältnis Stilgesetz ist – anschaulich auflöst, das lokalisiert die Ham-

---

14 Johann Wolfgang Goethe, *Wilhelm Meisters Lehrjahre*, Zürich 1949 (= J. W. G., *Gedenkausgabe*, Bd. 7), S. 252 (= Buch 4, Kap. 9).

let-Rezeption komplizierter (und daher literaturgeschichtlich später) im Bewußtsein der Figur selbst, die jene Disproportion nicht naiv erfährt, sondern ihr wissend zuvorkommen will. Darin gründet die reflexive Überlegenheit von Hamlets Untätigkeit gegenüber Don Quijotes närrischen Taten. Angesichts der gleichen objektiven Lage im nachheroischen Weltzustand ist Don Quijote der veraltete Held, Hamlet der moderne Nicht-Held, weshalb Wilhelm Meisters dramatische Studien vor allem ihm gewidmet sind. Nachdem er durch die Kriterien Charakter, Gesinnung, Leiden, Zufall den Romanhelden vom dramatischen Helden abgegrenzt hat, dem Taten, Ziel, Wirkung und Schicksal zugeordnet sind[15], läßt Wilhelm Meister beim reinlichen Scheiden eine Ausnahme für Hamlet gelten: »Der Held, sagte man, hat eigentlich auch nur Gesinnungen; es sind nur Begebenheiten, die zu ihm stoßen, und deswegen hat das Stück etwas von dem Gedehnten des Romans.«[16] Was das späte 18. Jahrhundert an Hamlet fasziniert, ist seine innere Disposition zum Romanhelden, obwohl ihn die Gattung Tragödie in eine scheinbar zwingend heroische Situation gestellt hat; hier werde, meint Goethe, »eine große Tat auf eine Seele gelegt, die der Tat nicht gewachsen ist.«[17]

In keinem Roman findet sich der bürgerliche Romanheld so genau entworfen wie in Shakespeares Drama. Solche Vermittlung über die Gattungsgrenzen hinweg verwundert nur auf den ersten Blick; während der Roman sich kaum von den heroischen Illusionen trennen kann, ja darin für Poetik und Kritik seinen eigentlichen Begriff hat, deutet bereits die Entstehung der Tragödie bei den Griechen auf das Ende des mythischen oder epischen Heros, der wortkarg und selbst-

---

15 Daß Wilhelm Meister, die Romanfigur, Dramenspieler sein will, belegt innerhalb des selbsterstellten Schemas die Divergenz von realer Passivität und ersehnter Aktivität.
16 Goethe, *Lehrjahre*, S. 331 (= Buch 5, Kap. 7).
17 Ebd., S. 263 (= Buch 4, Kap. 13).

verständlich draußen bei den Taten gewesen war; klagend und nachdenkend geht die Tragödie der Verstrickung eben dieser Taten nach, paralysiert zweifelnd deren einstige Naivität, erkennt in dem, was Heil und Ordnung zu geben versprach, die Möglichkeit zu Unheil und Untergang. Hamlet ist ebensosehr die letzte Konsequenz der tragischen Reflexion auf die Tat, wie er als erster Vertreter des modernen Charakters vom späteren Standpunkt des Romans gedeutet werden kann. Die Rezeption Hamlets im bürgerlichen Roman und seiner Poetik beweist zugleich die Brückenfunktion der Form Drama, obwohl – oder besser: gerade weil – Hamlet sie zu verlassen sich anschickt.[18] An seinem (un-)dramatischen Charakter stellt sich dar, was Blanckenburg als historischen Unterschied des Romans vom Epos erfaßt: nicht öffentliche Taten und äußere Begebenheiten, sondern »das Seyn des Menschen, sein innrer Zustand« machen das »Hauptwerk« des Romans, seine gattungspoetische Besonderheit aus.[19] – Wie zur Bestätigung dieser Theorie fügt Jean Paul in den Schluß des *Titan* das Trauerspiel *Der Trauerspieler* ein, das den Gang der Romanhandlung aus der subjektiven Perspektive Roquairols reflektiert und zu Ende bringt; der Kunstrat Fraischdörfer verweist selbst auf die Parallele zum *Hamlet* (756), an den bereits Geschehen und Figuren im ersten Teil des Romans erinnert hatten: hier wie dort liebt ein Fürstensohn (Hamlet – Albano) gegen den Widerstand ihrer Eltern die Tochter (Ophelia – Liane) des Ministers (Polonius – Froulay); und hier wie dort versucht der Bruder (Laertes – Roquairol), den Tod, in den Liebe und elterliche Weigerung

---

18 Das neuzeitliche Drama hat allgemein mehr Dulder als Täter zu Protagonisten; Tat ist das Privileg der Bösen – man denke nur an Märtyrerdrama und bürgerliches Trauerspiel, auch an die Vorliebe des neueren Dramas für weibliche Hauptfiguren.
19 Friedrich von Blanckenburg, *Versuch über den Roman* (1774), Facs. Stuttgart 1965, S. 18.

die Schwester geführt haben, am ehemaligen Geliebten zu rächen.

Doch darf die Parallele nicht den wesentlichen Unterschied in Vergessenheit bringen: Hamlet zweifelt an Taten, die geschehen oder ihm aufgegeben, also immerhin möglich sind; Albano dagegen ist zu Taten entschlossen, denen sich allerdings Gegenstand und Gelegenheit verweigern. Beider Untätigkeit hat also einen verschiedenen Grund in den objektiven Verhältnissen: die Hamlets (wenngleich nicht Shakespeares) sind noch die einer heroischen Welt, der nur der Heros fehlt – eine dramatische Konstellation; die Albanos gehen aus einer bürgerlichen Welt hervor, die keine Helden mehr braucht – die prosaische Konstellation des Romans. Die »Prosa der Verhältnisse«, die nach Hegel der Romanprosa korrespondiert, kommt dadurch zustande, daß die gesellschaftlichen und politischen Institutionen abgelöst von den Anstrengungen der Individuen existieren können, ja von diesen nur verwirrt würden. Das Ziel möglicher Taten liegt also in der äußeren Welt – zum allgemeinen Gesetz geworden – schon fertig vor.[20] Kein anderer Beitrag nützt diesen Institutionen als Gehorsam; die ›Tat‹ des Untertanen erfüllt nur den vorgezeichneten Raum und verliert in der Erfüllung den Charakter einer Tat. Ein Brief Kleists erhellt diese historische Erfahrung des Bürgers, welche die prosaischen Bedingungen des Romans bildet und seinen Verzicht auf heroische und damit poetische Möglichkeiten erzwingt: »*Ordentlich* ist heute die Welt; sagen Sie mir, ist sie noch schön? Die armen lechzenden Herzen! Schönes und Großes möchten sie tun, aber niemand bedarf ihrer,

---

[20] Vgl. Max Kommerell, *Humoristische Personifikation im »Don Quijote«* (in: M. K., *Dichterische Welterfahrung,* hg. von Hans-Georg Gadamer, Frankfurt 1952, S. 126): Don Quijote »maßt sich ein Gründertum und Stiftertum an, wo alles schon durch weltliches und geistliches Regiment gegründet und gestiftet ist, und zieht aus, um seine einbildische Gerechtigkeit unter den Menschen herzustellen nach der Idee in seinem Kopfe, die vor der Vorschrift Gottes Wahn und Überhebung ist«.

alles geschieht jetzt ohne ihr Zutun. Denn seitdem man die Ordnung erfunden hat, sind alle großen Tugenden unnötig geworden. [...] Wenn ein Jüngling gegen den Feind, der sein Vaterland bedroht, mutig zu den Waffen greifen will, so belehrt man ihn, daß der König ein Heer besolde, welches für Geld den Staat beschützt. – Wohl dem Arminius, daß er einen großen Augenblick fand. Denn was bliebe ihm heutzutage übrig, als etwa Lieutenant zu werden in einem preußischen Regiment?«[21]

Gerade im Hinblick auf Jean Pauls *Titan* hat Friedrich Theodor Vischer die Abwesenheit der »bürgerlichen, öffentlichen Tätigkeit« festgestellt und mit deren unpoetischem, d. h. nicht epischem Wesen erklärt: »stetiges Wirken aber auf dem Schauplatze der Öffentlichkeit verläuft sich in so viel Prosa, daß es sich dem Griffel des Dichters entzieht.«[22]

Will der Einzelne den Institutionen nicht affirmativ dienstbar sein, will er nicht den Schein einer Handlung dem Gegner seiner freien Selbständigkeit zugutekommen lassen, so muß er sich auf das Gebiet beschränken, das der Staat – des eigenen Vorteils dabei gewiß – ihm reserviert hat: die Ökonomie und die Liebe. Mit dem Hinweis auf diesen durch wirtschaftliche und familiäre Sicherheit konstituierten Freiraum versucht der Gerichtsrat in Goethes *Natürlicher Tochter*, Eugenie von dem Vorteil einer bürgerlichen Verbindung zu überzeugen, deren Glück er im Gegenbild zur heroischen Welt malt:

Nicht Heldenfaust, nicht Heldenstamm, geliebte,
Verehrte Fremde, weiß ich dir zu bieten;

---

[21] An Adolfine von Werdeck, Nov. 1801, in: Heinrich von Kleist, *Sämtliche Werke und Briefe*, hg. von Helmut Sembdner, 5. Aufl., München 1970, Bd. 2, S. 700.
[22] Friedrich Theodor Vischer, *Eine Schrift über Jean Paul* [= Rezension von: K. Th. Planck, *Jean Pauls Dichtung im Lichte unserer nationalen Entwicklung*, Berlin 1868], in F. T. V., *Kritische Gänge*, hg. von Robert Vischer, Bd. 2, München o. J., S. 442.

Allein des Bürgers hohen Sicherstand.
Und bist du mein, was kann dich mehr berühren?
Auf ewig bist du mein, versorgt, beschützt.
Der König fordre dich von mir zurück:
Als Gatte kann ich mit dem König rechten.

(V. 2203 ff.)

Wie hier heroische und bürgerliche Existenz, Größe und Tat auf der einen, Sicherheit und Liebe auf der anderen Seite, in Begriffen geschieden werden, stellt sie Mozart als Gestalten einander gegenüber: den immer zur Tat (auch zur Untat) bereiten Don Giovanni und den zögernden Don Ottavio, der nie die beschworene Rache ausführt, vielmehr sich mit der liebenden Sorge für seine Braut begnügt – ein Verhalten, das ganz dem Albanos gegenüber Liane gleicht. Und mag auch der Glanz der Poesie auf Don Giovanni, den Helden fallen, dem die Verhältnisse noch poetisch sind, so ist er doch der letzte in seiner Zeit, welche die seine nicht mehr ist, sondern immer mehr und immer deutlicher die der bürgerlich-innigen Beständigkeit und Langweiligkeit eines Don Ottavio wird.

Die Unterlegenheit des bürgerlichen Charakters, die aus dem unmittelbaren Vergleich mit der heroischen Figur auf der Bühne allein schon physisch hervorleuchtet, kann der Bürger als Figur des Romans leichter wettmachen, weil er eine andere Dimension einführt, in der andere Qualitäten gelten: die Sphäre der Reflexion, wo sich der Intellekt bewähren muß. In ihr gewinnt das im Privaten isolierte Individuum wieder Anschluß an ein Allgemeines, freilich ans Allgemeine des philosophischen Denkens, nicht des politischen Handelns. Konzediert man die romanhafte, weil monologische Struktur von Hamlets Wesen, so gilt eine Bemerkung Friedrich Schlegels auch für diese neuen Fähigkeiten im Roman. Den Schein von Hamlets Unvermögen löst Schlegel in einem höheren Vermögen auf: »Der Grund seines innren Todes liegt in der Größe seines Verstandes. Wäre er weniger groß, so würde er ein Heroe sein. – Für ihn ist es nicht der Mühe wert, ein Held zu sein; wenn er wollte, so wäre es ihm nur ein Spiel.«[23] Im »Verstand«, im Intellekt entdeckt Schlegel eine Größe, die zwar die Untätigkeit in heroischer Lage verursacht, aber als neue Kategorie das heroische Wertsystem verlassen hat und in die Reflexionssphäre des modernen Romans und der ihn tragenden bürgerlichen Welt einmündet. Das komplementäre Verhältnis der äußeren Komik von Hamlets Zaudern – hat doch die bürgerliche Literatur ihre Formen vielfach aus der ernsten Wendung komischer Gattungen gewonnen – zu seiner inneren Überlegenheit durch Reflexion kennzeichnet den bürgerlichen Romanhelden. Ambivalent faßt auch der Lehrbrief im *Wilhelm Meister* die Alternative von Tat und Reflexionen: „Der Sinn erweitert, aber lähmt; die Tat belebt, aber beschränkt." Dem ernsten bürgerlichen Bildungsroman ist mehr an der Erweiterung des Bewußtseins als an der lebendigen Handlung gelegen, muß er gleich Lähmung dafür in Kauf nehmen. Ein Wort Walter Benjamins über den romantischen Literaten, »das in den goldenen Ketten der Autorität verantwortungslos reflektierende Genie«[24], läßt sich auf den literarischen Helden des Romans übertragen und zugleich für die bürgerliche Denkweise verallgemeinern, die sich so gut mit der geordneten Staatlichkeit verträgt. Rückblickend erscheint Wilhelm von Humboldt das ganze Zeitalter mit dem Stigma des reflektierenduntätigen Romanhelden behaftet: seiner Epoche, die »häufiger als sonst Passivität und Schlaffheit mit Bildung und Geistesfähigkeit vereint«, eigne eine »kränkelnde Gemüthsstimmung«, die »im Leben mehr raisonnirend

---

23 Friedrich Schlegel, *Über Shakespeares Hamlet* (1793), in: F. S., *Kritische Schriften*, hg. von Wolfdietrich Rasch, 2. Aufl., München 1964, S. 109.
24 Walter Benjamin, *Ursprung des deutschen Trauerspiels*, [3. Aufl.] hg. von Rolf Tiedemann, Frankfurt 1963, S. 78 f.

und empfindsam, als handelnd und thätig macht«.[25] Aber was Humboldt kritisch formuliert, beschreibt ein geschichtlich notwendiges Ergebnis, das in den Grenzen der bürgerlichen Gesellschaft und der neuzeitlichen Staatsverfassung nicht mehr zu ändern war. Aus größerem historischen Abstand muß deshalb Dilthey die allgemein gültige Begrenztheit der Tat konstatieren – gemessen an der Fülle des inneren Wesens (eines Werts, den erst die bürgerliche Kultur geschaffen hat): »Die Tat tritt durch die Macht eines entscheidenden Beweggrundes aus der Fülle des Lebens in die Einseitigkeit. Wie sie auch erwogen sein mag, so spricht sie doch nur einen Teil unseres Wesens aus. Möglichkeiten, die in diesem Wesen lagen, werden durch sie vernichtet. So löst auch die Handlung sich vom Hintergrunde des Lebenszusammenhanges los. Und ohne Erläuterung, wie sich in ihr Umstände, Zweck, Mittel und Lebenszusammenhang verknüpfen, gestattet sie keine allseitige Bestimmung des Inneren, aus dem sie entsprang.«[26]

Seine innere Unendlichkeit kann das Individuum nicht in der Tat verwirklichen, überhaupt nicht in einem Geschehen, sondern bloß in einem Sein, das selbst als ewig und die Identität des Subjekts wahrend gedacht werden muß: hier entspringt die Idee der Unsterblichkeit, eine zentrale Idee des 18. Jahrhunderts (darin Jean Pauls insbesondere) und durchaus bürgerlichen Charakters, der für seine Zwecke christliche Gedanken ausbeutet, ja fast verfälscht. Diese jenseitige Unsterblichkeit des Bürgers, Interpretationshorizont der diesseitigen Innerlichkeit und also Unendlichkeit seiner See-

---

25 Wilhelm von Humboldt, *Das achtzehnte Jahrhundert*, in: W. v. H., *Gesammelte Schriften*, hg. von der Preuß. Akad. d. Wiss., Bd. 2, Berlin 1904, S. 70 u. 84.
26 Wilhelm Dilthey, *Der Aufbau der geschichtlichen Welt in den Geisteswissenschaften*, 2. Aufl., Stuttgart/Göttingen 1958 (= W. D., *Ges. Schr.*, Bd. 7), S. 206. Gegen die einseitige Tat setzt Dilthey den »Erlebnisausdruck« als das Medium, das die ganze Innenwelt des Individuums erschließe. Auffällig ist die Ähnlichkeit mit dem Gegensatzpaar ›Tat – innerer Zustand‹ in Blanckenburgs *Versuch über den Roman*.

le, fungiert als Äquivalent jener Unsterblichkeit, die dem antiken Heros durch das Überdauern seiner Taten in den Institutionen, in gleichsam verfestigten Taten, zugefallen war. Während aus dem *Titan* und anderen Romanen der Zeit, dem *Werther* und der *Lucinde*, der Zusammenhang von Unsterblichkeitsidee, Untätigkeit und seelischer Konstitution an den Gestalten abzulesen ist, läßt ihn Hölderlin im *Hyperion* seinen Helden als Selbsterkenntnis formulieren und kritisch auflösen: »Was ists denn, daß der Mensch so viel will? fragt ich oft; was soll denn die Unendlichkeit in seiner Brust? Unendlichkeit? wo ist sie denn? wer hat sie denn vernommen? Mehr will er, als er kann! das möchte wahr sein! O! das hast du oft genug erfahren. Das ist auch nötig, wie es ist. Das gibt das süße, schwärmerische Gefühl der Kraft, daß sie nicht ausströmt, wie sie will, das eben macht die schönen Träume von Unsterblichkeit und all die holden und die kolossalischen Phantome, die den Menschen tausendfach entzücken, das schafft dem Menschen sein Elysium und seine Götter, daß seines Lebens Linie nicht gerad ausgeht, daß er nicht hinfährt, wie ein Pfeil, und eine fremde Macht dem Fliehenden in den Weg sich wirft.«[27]

Wenn der Schein eines unvergänglichen Glücks, das angeblich aus dem Tatverzicht erwachse, zerstört ist, bleibt dem untätigen Individuum nur die Haltung, die eben jene Folgen der Untätigkeit – Vergänglichkeit, Unglück, Innerlichkeit – zu Definitionsstücken der eigenen Existenz gemacht hat: Melancholie. Mit ›Melancholie‹ ist die Grundstimmung des modernen, d. h. des aus dem bürgerlichen Bewußtsein entstandenen Romans bezeichnet: statt Handlung wird Reflexion zu seinem Inhalt, und »dieses Reflektierenmüssen ist die tiefste Melancholie jedes echten und großen Romans.«[28]

---

[27] Friedrich Hölderlin, *Hyperion*, Stuttgart 1958 (= H., *Sämtl. Werke*. Kleine Ausg., hg. von Friedrich Beissner, Bd. 3), S. 43.
[28] Georg Lukács, *Die Theorie des Romans*, 3. Aufl., Neuwied/Berlin 1965, S. 84.

Aus denselben Elementen zusammengesetzt wie die Unsterblichkeitsidee und nur deren hoffnungslose, der Erde zugewandte Kehrseite, droht die Melancholie auch im *Titan* ihr himmlisches, von Jean Paul und Albano bevorzugtes Gegenstück ebenso zu bedrängen, wie sie die Tat als Illusion verdächtigt. Die hieraus resultierende, aus Tatendrang und Tatenhemmung gemischte »heroische Schwermut« – im *Hyperion* heißt sie »wilde Trauer« – muß die kritische Analyse in das illusionäre Adjektiv und das treffende Substantiv zerlegen und dieses vom Scheitern jenes ableiten. Wo Albano nach dem Zerfall heroischer Entwürfe die Idee der Unsterblichkeit nicht weit genug trägt und Anzeichen von Melancholie sich um ihn zusammenziehen, flieht er zur Natur, zum Studium oder zur Musik. Dieses Verhalten lenkt unseren Blick auf den Typ des Melancholikers, der älter ist als der bürgerliche Roman: auf den Gelehrten. Studium, Naturliebe und Melancholie galten den Humanisten als verbundene Trias, mit der sie ihre eigene Gelehrtenexistenz beschrieben.[29] Insofern er durch Passivität, Enthaltung von praktischer Tätigkeit, Distanz vom politischen Leben, Übergewicht der Reflexion gekennzeichnet ist, stellt der traditionelle Entwurf des Gelehrtendaseins ein genaueres Vorbild des bürgerlichen Romanhelden dar als irgendein Figurentyp des vorbürgerlichen Romans. Der behaupteten Vorläuferschaft Hamlets widerspricht solche Herleitung nicht, bestätigt sie vielmehr, da auch sein Verhalten durch die Melancholie des Studierten motiviert ist: kommt er doch gerade von der Hohen Schule zu Wittenberg. Nicht zufällig geht es dem bürgerlichen Roman in Deutschland vordringlich um Bildung; er greift also teilweise Ziele des melancholischen Gelehrtenlebens auf, so daß die aus gleichem Ursprung, nämlich aus der Unfähigkeit und Unmöglichkeit zu handeln, erwachsene Anfälligkeit für Melancholie beim

---

[29] Vgl. Werner M. Bauer, *Die ›Akademienlandschaft‹ in der neulateinischen Dichtung*, Euphorion 63 (1969), S. 40–53.

Romanhelden nicht weniger einleuchtet als bei seinem gelehrten Vorgänger. An der Verbindung von Tathemmung, dem Kompensationsversuch im Studium der Künste und Wissenschaften und schließlich dessen Scheitern in der Melancholie hat deshalb Friedrich Schlegel mit Recht das Bildungsprogramm kritisiert, um das sich in der *Lucinde* ein Bund tatentschlossener und bildungsbeflissener Männer bemüht: »Es waren große Gegenstände, nach denen sie mit Ernst strebten. Indessen blieb es bei hohen Worten und vortrefflichen Wünschen. Julius kam nicht weiter und ward nicht klarer, er handelte nicht und er bildete nichts [...] Die wenigen Anwandlungen von Nüchternheit, die ihm noch übrig blieben, erstickte er in Musik, die für ihn ein gefährlicher, bodenloser Abgrund von Sehnsucht und Wehmut war, in den er sich gern und willig versinken sah.«[30]

Es wäre voreilig, diese Melancholie als romantische Weltschmerzallüre abzutun und die Verallgemeinerung zu verbieten. In dem erwähnten Jean-Paul-Aufsatz trägt Friedrich Theodor Vischer eine ähnliche Kritik selbst gegen *Wilhelm Meisters Lehrjahre* vor; der große Aufwand an Bildung scheint ihm in keinem Verhältnis zu stehen zu dem kleinen Sektor etwaiger Betätigung des so sorgfältig gebildeten Helden in der gesellschaftlichen Wirklichkeit: »Wir sehen nicht ab, wozu schließlich so viele Anstalten gemacht sind, einen Menschen zu erziehen, zum Manne zu bilden, darum nicht, weil alles öffentliche Leben fehlt. Wilhelm wird ein Gutsbesitzer, er wird wohltätig im kleinen Kreise wirken, wird sich der nützlichen Kunst der Chirurgie widmen, er wird den Boden entlasten (das ist allerdings etwas und darf nicht übersehen werden), er wird in Pflege der Kunst und edler Geselligkeit ein menschlich schönes Leben führen; aber wir sehen kein Vaterland, keinen Staat, kein Volk; wir sind in der vorrevolutionären Gesellschaft.«[31]

30 Schlegel, *Lucinde*, S. 46.
31 Vischer, *Eine Schrift über Jean Paul*, S. 442 f.

Indem Vischer die – man darf wohl so sagen – ›Entfremdung‹ zwischen gebildetem Individuum und politischer Praxis aus den vorrevolutionären Zuständen des absolutistischen Staates ableitet, nennt er zugleich die Bewegung, die solche Entfremdung wieder aufzuheben versucht: die Revolution. Denn als Vorgang stellt sie jenen Zustand wieder her, den die epische Welt zum dauernden Grund hatte: die Bedeutsamkeit der Taten für »Vaterland«, »Staat« und »Volk«. Und nur wo Taten Relevanz besitzen, sind Taten möglich. So bringt die Revolution dem untätigen Bürger die Möglichkeit, zu handeln, auf doppelte Weise zurück, durch die Aktion selbst, ohne die es keine Revolution gibt, und durch die Offenheit, welche die Gestalt der aus der Revolution hervorgehenden Ergebnisse von eben diesen revolutionären Aktionen abhängig hält. Wie der Heros vor dem Beginn des wohlgeordneten Staates selbständig handeln konnte, so fällt dem Bürgertum am Ende und in der Zerstörung des abstrakten Staates die Chance einer heroischen Existenz zu.[32] Nun findet die abwartende Erhabenheit der bürgerlichen Seele die endlich gemäße Aufgabe, Gesinnung kann sich der äußeren Wirklichkeit vermitteln: »du bist zu höhern Dingen geboren« – so interpretiert Diotima Hyperions Passivität –, »der Mangel am Stoffe hielt dich zurück«.[33] Und dieser Stoff bietet sich Hyperion gerade jetzt im griechischen Freiheitskampf, Hölderlins verschlüsseltem Bild für die Französische Revolution.

Unverschlüsselt hat Jean Paul Albanos, des Fürstensohns, Jugend in den frühen Revolutionsjahren angesiedelt und

---

[32] Vgl. Hegels Hinweis auf die Wiederkehr der heroischen Situation in Shakespeares Historiendramen (*Ästhetik*, Bd. 1, S. 192): »Die Shakespeareschen Gestalten gehören zwar nicht alle dem fürstlichen Stande an und stehen zum Teil auf einem historischen und nicht mehr mythischen Boden, aber sie sind dafür in Zeiten bürgerlicher Kriege versetzt, in denen die Bande der Ordnung und Gesetze sich auflockern oder brechen und erhalten dadurch die geforderte Unabhängigkeit und Selbständigkeit wieder.«

[33] Hölderlin, *Hyperion*, S. 92.

damit dem Tatendrang seines Helden einen objektiven Hintergrund verschafft. (Auf eine freilich krause Art kündigt der Titel des Romans diesen Zusammenhang an.[34]) Die inhaltlichen Gründe, weshalb sich Albano auf die französische und damit bürgerliche Seite schlagen will, sind – wohl aus politischen Rücksichten des Autors – nur angedeutet

---

34 In diesem Sinne möchte ich das Rätsel des Titels *Titan* auflösen. Der Titan ist der größte und hellste der Monde, die den Saturn umkreisen. Von den sieben weiteren Monden waren zu der Zeit, da Jean Paul seinen Roman schrieb, sechs entdeckt; sie tragen alle Namen von Titanen, drei weiblichen (Rhea, Dione, Thetis), drei männlichen Geschlechts (Japetus, Enceladus, Mimas). Meine Hypothese ist nun, daß in einem mythologisch-astronomischen Bild »Titan« Figur und Schicksal Albanos bezeichnen soll, der als größter und hellster der »Titanen« den Gott der Zeit und der (Französischen) Revolution umkreist, von ihm aber nicht verschlungen wird, sondern schließlich ihn und die anderen Titanen stürzt. Auf folgende Argumente kann sich diese Deutung stützen:
1. Kronos (Saturn), den die Titanen-Monde umgeben, gilt als der Gott der Zeit und der Revolution (von ihm ist das Bild genommen, daß die Revolution ihre Kinder verschlinge).
2. Die Zahl der Saturnmonde und das Geschlecht ihrer Titanennamen entsprechen genau der Zahl und dem Geschlecht der »Titanen« im *Titan* (weiblich: Liane, Linda, die Fürstin; männlich: Albano, Gaspard, Schoppe, Roquairol).
3. Gerade im Revolutionsjahr 1789 wurden durch Friedrich Wilhelm Herschel zwei Saturnmonde entdeckt – was Jean Paul als einen Zusammenhang zwischen astronomischer Erscheinung und historischem Ereignis interpretieren konnte (analog der Titel seines letzten Romans: *Der Komet*).
4. Wie Zeus, der vor Kronos geschützt wird – mehrmals vergleicht der Autor Albano mit Jupiter –, verbringt der Held des Romans seine Kindheit verborgen an einem idyllischen Ort (der Insel Kreta entspricht Isola bella), um vor den Anschlägen der bösen Verwandtschaft bewahrt zu werden. Selber Kronide, ein Kind der titanischen Zeit Saturns (s. den 100. Zykel am Schluß des 3. Bandes), der Revolution, beendet er sie und führt nach der Titanomachie des 4. Bandes eine neue Ordnung herauf.

Eine gewisse Divergenz der Vorstellungen (Albano als Titan und zugleich als Zeus) entsteht dadurch, daß die zwei von Jean Paul aufeinander projizierten Modelle: das mythologische des Titanenkampfes und das astronomische der Saturnmonde (das ja seine Namengebung der Mythologie verdankt) sich nicht exakt decken. Beide belegen aber hinreichend den historischen Bezug zur Geschichte der Französischen Revolution, deren Wirkung und Ende im *Titan* verarbeitet ist. (Um zu vermeiden, daß diese Fußnote in einen *Komischen Anhang zum Titan* übergeht, will ich die Parallelen zwischen Albano und Napoleon nicht ausziehen.)

(freilich aus der antihöfischen und freiheitlichen Gesinnung Albanos leicht zu erschließen), doch das eigentliche Faszinosum für ihn scheint mehr der Krieg als seine politischen Ursachen zu bilden. Kein Wunder: denn im Krieg, von Hegel »als die dem Epos gemäßeste Situation«[35] hervorgehoben, ist die heroische Gesamtheit der menschlichen Fähigkeiten – die im modernen Staat so vernachlässigten körperlichen eingeschlossen – gefordert und in der ›Heldentat‹ verwirklicht, freilich im doppelten Sinne ›gewaltsam‹, da wir uns Albano schlecht beim blutigen Geschäft vorstellen könnten, ohne daß dabei das Beste seiner Gestalt Schaden litte. Aber die heroische Phase der bürgerlichen Geschichte währt nur die kurze Spanne, da hinter den Revolutionskriegen noch nicht das machtstaatliche Interesse sichtbar wird, hinter persönlichen Leistungen noch nicht der neue Typ des Unternehmers, hinter der Abschaffung des Ancien Régime noch nicht die Etablierung der bourgeoisen Klassenherrschaft. Daher sind *Hyperion* und *Titan* in dem Maße, wie sie im Kern die Idee und die Geschichte der Revolution geprägt hat, auch Romane vom Scheitern der Revolution. Jean Paul bläst den Krieg für seinen Helden wieder ab, entrückt ihn in die Geschichtslosigkeit eines kleinen deutschen Fürstentums, so daß die erwägenswerte historische Rechtfertigung der heroischen Elemente im *Titan* mit dem Verzicht auf ihre revolutionäre Konsequenz wieder hinfällig wird. Jean Paul scheint aus der Lektüre des *Hyperion* gelernt zu haben[36], der schon einige Jahre vorher den Fehlschlag der Revolution konstatiert hatte und damit die Vergeblichkeit, ja Unmöglichkeit, als Bürger eine heroische Rolle spielen zu können. Die Gründe, die Hölderlin anführt, sind der Überlegung wert. Der allgemeinere läßt sich aus der berühmten Deutschen-Schelte herauslesen: »Handwerker siehst du, aber keine Menschen, Denker, aber keine Menschen, Priester,

---

35 Hegel, *Ästhetik*, Bd. 2, S. 420.
36 Nicht zufällig ist Hyperion der Name eines Titanen.

aber keine Menschen, Herren und Knechte, Jungen und gesetzte Leute, aber keine Menschen.«[37] Der Zustand Deutschlands meint nicht die Besonderheit eines Nationalcharakters, sondern die allgemeine Verfaßtheit der bürgerlichen Gesellschaft: ihre arbeitsteilige Organisation erlaubt nicht mehr die Totalität des Menschseins, aus der heraus einst der Heros gehandelt hatte. Odysseus war Krieger, Seefahrer, Handwerker, Koch, Schattenbeschwörer und Erzähler in einer Person; die Tat, die aus solch ungeteilter Ganzheit des archaischen Menschen entsprang, umfaßte auch im Ergebnis wieder die Ganzheit menschlicher Ordnungen, während die Tätigkeit des bürgerlichen Spezialisten – als Handwerker oder Priester, Herr oder Knecht – stets nur den Teil zustandebringt, der aus seiner speziellen Fähigkeit stammt; blind und ohnmächtig bleibt er gegenüber dem Ganzen, das aus Bausteinen im mechanischen System des abstrakten Staates erst zusammengesetzt wird.

Aus der kritischen Reaktion auf die Zerstörung der menschlichen Ganzheit durch Arbeitsteilung entsteht die Idee des ›Menschen‹, der Humanitätsbegriff des 18. Jahrhunderts. Er scheint sich ans Vorbild der Antike zu halten, hat aber – sozial konkreter – die aristokratische Existenz im Sinn. Daß die historische Dimension der Humanitätsidee eine gesellschaftliche zur Grundlage hat, beweist die Parallelität, in der Goethe die Unterschiede antik-modern und adelig-bürgerlich bestimmt. Zum ersten heißt es im Winckelmann-Aufsatz: »Der Mensch vermag gar manches durch zweckmäßigen Gebrauch einzelner Kräfte, er vermag das Außerordentliche durch Verbindung mehrerer Fähigkeiten; aber das Einzige, ganz Unerwartete leistet er nur, wenn sich die sämtlichen Eigenschaften gleichmäßig in ihm vereinigen. Das letzte war das glückliche Los der Alten, besonders der Griechen in ihrer besten Zeit; auf die beiden ersten sind wir

---

37 Hölderlin, *Hyperion*, S. 160.

Neuern vom Schicksal angewiesen. [...] Der Mensch und das Menschliche wurden [in der Antike] am wertesten geachtet, und alle seine innern, seine äußern Verhältnisse zur Welt mit so großem Sinne dargestellt als angeschaut. Noch fand sich das Gefühl, die Betrachtung nicht zerstükkelt, noch war jene kaum heilbare Trennung in der gesunden Menschenkraft nicht vorgegangen.«[38] Mit den gleichen Kriterien hatte Wilhelm Meister in seinem Brief an Werner vom Edelmann den Bürger abgesetzt: »Er darf nicht fragen: was bist du? sondern nur: was hast du? welche Einsicht, welche Kenntnis, welche Fähigkeit, wie viel Vermögen? Wenn der Edelmann durch die Darstellung seiner Person alles gibt, so gibt der Bürger durch seine Persönlichkeit nichts und soll nichts geben. Jener darf und soll scheinen; dieser soll nur sein, und was er scheinen will, ist lächerlich und abgeschmackt. Jener soll tun und wirken, dieser soll leisten und schaffen; er soll einzelne Fähigkeiten ausbilden, um brauchbar zu werden, und es wird schon vorausgesetzt, daß in seinem Wesen keine Harmonie sei, noch sein dürfe, weil er, um sich auf eine Weise brauchbar zu machen, alles übrige vernachlässigen muß.«[39]

Angelehnt an das frühe Bild des in sich totalen Heros (oder des ›guten Wilden‹, der außerhalb der Geschichte auf der gleichen archaischen Stufe wie der Heros überdauert hat), muß das Ideal, das der Bildungsheld im Roman in Gestalt überführen soll, dennoch auf die Grundlage des heroischen Lebens verzichten: auf Praxis. Denn sie würde innerhalb der komplizierten bürgerlichen Ökonomie immer in der Arbeitsteilung und damit im Verrat der menschlichen Totalität enden, die zu finden der Bildungsheld ausgeschickt wird. Seine relative ›Ganzheit‹ kommt durch Negation eines speziellen Berufes zustande, die zur Ganzheit immerhin

---

38 Goethe, *Winckelmann und sein Jahrhundert* (Kap. *Antikes*), Gedenkausg., Bd. 13, S. 416 ff.
39 Goethe, *Lehrjahre*, S. 313 (= Buch 5, Kap. 3).

geforderte Praxis ereignet sich nur in der Reflexion auf sie (was Abhandlungen über den Bildungsroman meist übersehen): Ökonomie, Arbeit, Beruf sind selbst nur Ideen der im übrigen müßigen und berufslosen Romanfiguren. So gerät der Bildungsroman in das Dilemma, einer arbeitsteiligen Wirklichkeit ungeteilte Menschen entgegenzustellen, auf die bürgerliche Wirtschaftsform mit dem Ideal einer aristokratischen Existenz zu antworten. Wilhelm Meister wird am Ziel seines Wegs in eine Adelsgesellschaft aufgenommen: »Wilhelm Meisters Lehrjahre, oder die Wallfahrt nach dem Adelsdiplom« betitelt deshalb Novalis diesen »nobilitierten Roman.«[40] Jean Pauls Albano ist von Anfang an als Graf der ökonomischen Sorgen und der realen Ansprüche eines bürgerlichen Lebenslaufs enthoben. An dem Ende, das Kapitalismus und Revolution über die Aristokratie verhängen, fragt das siegreiche Bürgertum — halb schon von der Polemik befreit — nach dem zurück, was mit der untergehenden Klasse auch an ›menschlichen Werten‹ untergeht, die in den Grenzen der bürgerlichen Ökonomie und Gesellschaft nicht mehr aufleben können. Der Blick auf die vergehende Lebensform legt die Schwächen, das Ungenügen an der eigenen frei: daher begleitet — und dies ist vor allem eine Leistung der Literatur — den bürgerlichen Aufstieg die Kritik an dem, was da aufsteigt, sei diese Kritik in die Idealität des müßigen Bildungshelden, in die romantische Trauer über die entschwundene Feudalität oder in die triviale Illusion der Ritterromane gekleidet. Daß der Romanadel sich nicht auf den wirklichen bezieht, sondern auf die bürgerliche Idealität, wird deutlich, wenn den Grafen Albano die melancholische Misere der bürgerlichen Bildung einholt und ihm trotz seiner »Kräfte zu manchem« der Mangel an adäquater Praxis bewußt bleibt: »Ach, Linda, liegen hier [in Rom] nicht überall um uns Taten, statt der Worte und

---

40 Novalis, *Schriften,* hg. von Paul Kluckhohn und Richard Samuel, 2. Aufl., Bd. 3, Stuttgart 1968, S. 646 (11. 2. 1800).

Wünsche? – Hab' ich nicht auch einen Arm, ein Herz, eine Geliebte und Kräfte wie andere und soll mit einem morschen mürben spanisch- oder deutschen Grafenleben aus der Welt gehen?« (662)

In der Unaufhebbarkeit der Arbeitsteilung hat deshalb Hölderlin den wahren Grund für das Scheitern der Revolution gesehen, sofern ihr auch die Aufgabe zugewiesen war, einen ganzen Menschen hervorzubringen, dessen Ganzheit sich in der Praxis, exemplarisch in der Fähigkeit zur Tat bewiesen hätte. Die ökonomische Entfremdung hat die politische überlebt und wirkt einschneidender als die ältere, falls man überhaupt deren auch nur partielle Aufhebung konzedieren will. Hölderlins zweites, spezielles Argument folgt einsichtig aus dem ersten, allgemeinen: wo jeder nur für seinen Beruf erzogen ist, stehen für den Krieg nur Leute zur Verfügung, die zum Kriegshandwerk, zu Mord und Plünderung, erzogen wurden, so daß an den Mitteln die Zwecke zugrundegehen, die ja den Menschen zur Würde seiner Mittel verpflichten sollten: »es war« – konstatiert Hyperion nach dem mißlungenen Aufstand ironisch – »ein außerordentlich Projekt, durch eine Räuberbande mein Elysium zu pflanzen.«[41]

Scheiternd bleibt die Tat, gegen die staatliche Ordnung unternommen, an die Maßstäbe eben dieser Ordnung gebunden und wird zur Untat; nur als erfolgreiche hätte sie jene alten Maßstäbe außer Kraft gesetzt und sich als Tat behauptet. Das geschlagene Rebellenheer wird zur Räuberbande, der Heros auf eigene Faust zum Verbrecher. Wenn die revolutionäre Empörung gegen die ganze Gesellschaft nicht gelingt, bleibt dem, der jetzt noch Held sein will, nur das Verbrechen – Baudelaire hat es das letzte Abenteuer in der bürgerlichen Welt genannt. Ihm folgend, hat Benjamin im Verbrecher den depossedierten modernen Heros, den

---

41 Hölderlin, *Hyperion*, S. 122.

Platzhalter des antiken Helden erkannt.⁴² (Hier beweist auch Friedrich Schlegels Witz, daß das »Romantische« am Roman das »Polizeiwidrige« sei, seine Hellsicht.) Vor dieser schmalen Grenze zwischen heroischem Tatendrang und krimineller Untat warnt die scharfblickende Linda Albano: »Was *große Taten* sind, das kenn' ich gar nicht; ich kenne nur ein *großes Leben;* denn jenen Ähnliches vermag jeder Sünder« (663). An Roquairol, Albanos Gegenspieler, bewahrheitet sich dieser Satz, wenngleich seine ›Untaten‹ schon in der Form pervertiert erscheinen und er niemand umbringt als einen Affen und sich selbst. Daß »ein großer Mann und ein großer Schurke synonyme Bezeichnungen sind«⁴³, hatte bereits Fielding – dem aristokratischen Leben und seinem heroischen Anstrich mißtrauend – an der parodistisch im hohen Stil gehaltenen Lebensgeschichte des Verbrechers Jonathan Wild demonstriert. Nur am Rande des *Titan* zeigen sich die beiden zwar beschränkten, aber immerhin realen Möglichkeiten selbständigen Handelns im bürgerlichen Zeitalter, Revolution und Verbrechen. Dieses zu akzeptieren, hindert Jean Paul seine moralische Eindeutigkeit, jenem noch eine Chance einzuräumen, die Erkenntnis der nachrevolutionären, schon zur Restauration sich wendenden Situation.⁴⁴

Zentral leben in diesem Roman die heroischen Vorstellungen aus jener literarischen Tradition, welche die Gestalten des epischen Heros, des Ritters und des fürstlichen Romanhelden in eine verschmolzen hat. Dennoch wäre es verfrüht,

---

42 S. Walter Benjamin, *Charles Baudelaire. Ein Lyriker im Zeitalter des Hochkapitalismus,* Frankfurt 1969, S. 87.
43 Henry Fielding, *Jonathan Wild,* in: H. F., *Sämtliche Romane,* hg. von Norbert Miller, Bd. 1, München 1965, S. 616. Vgl. S. 453 die Polemik gegen »jene edle und erhabene Schicht, zu der man im allgemeinen die Eroberer, die absoluten Monarchen, die Staatsmänner und die Ganoven zählt.«
44 Von hier laufen die literarischen und politischen Linien zu Stendhals *Rot und Schwarz,* dessen Held – ähnlich wie Albano, jedoch historisch genauer – aus dem Gegensatz von heroisch-revolutionärem Charakter und unheroischrestaurativer Zeit entworfen ist.

sich mit dem Phänomen der literarischen Kontinuität zu beruhigen; vielmehr bedarf Kontinuität noch der Erklärung, erst recht, wenn sie ein Werk in solche Widersprüche führt, wie sie am *Titan* zutage getreten sind. Was sich in diesem Roman literarisch widerspricht – Heroik und bürgerliche Bildung –, muß den Grund des Widerspruchs außerhalb literarischer Formtraditionen haben, weil diese – ohne geschichtlichen Druck von außen – sich immer rein geschieden, zum jeweils eigenen Formkanon stimmend in eindeutigen Werken verwirklichen würden. Hatten wir bisher die historischen und gesellschaftlichen Entsprechungen der heroischen Gattungen wie des modernen, speziell des Bildungsromans getrennt, ja unvereinbar gefunden, so gilt es abschließend, sie in einem einzigen geschichtlich-sozialen Komplex zu verschränken. Der Nachweis, daß die bürgerliche Epoche wenig Gelegenheit zu heroischen Taten biete, konnte zwar die Handlungshemmung Albanos erklären, doch es ist noch zu fragen, weshalb trotz offensichtlicher Ungunst der Umstände ein Autor wie Jean Paul so sehr vom heroischen Gedanken affiziert ist, daß er von der ernsten Literatur längst verlassene Formen und Motive wiederbelebt. Freilich nur von der ernsten Literatur: während sie tradierte Gattungen auflöst, deren konventionelle Weltentwürfe abbaut, als Illusionen diskreditiert, um die neue bürgerliche Wirklichkeit darstellen zu können, entsteht gleichzeitig eine zweite literarische Schicht, die mit der Konservierung und Neuformung der alten Illusionen Bedürfnisse eines bürgerlichen Publikums befriedigt, die gerade von der realistischen bürgerlichen Literatur vernachlässigt werden. Diese literarische Unterschicht fassen wir heute mit dem Begriff ›Trivialliteratur‹. In ihr lebt die heroische Wunschwelt weiter: aus dem mittelalterlichen Ritterepos wird der triviale Ritterroman, aus dem heroischen Roman des 17. Jahrhunderts der Schauerroman des 18., die verbrecherischen Varianten der Tat finden zu literarischen Formen im Räuber-

und Kriminalroman. Nicht der antike Heros, sondern seine spielerischen Nachfolger – Ritter und Fürst – liefern die Vorbilder für die trivialen Heroen, da sich an deren chimärische, bloß poetische Existenz die triviale Illusion eher halten kann als an den epischen Ernst jenes ursprünglichen Heros. Die Trivialromane protestieren – wenngleich nur implizit in der Darstellung einer Gegenwelt – gegen den passiven Helden des bürgerlichen Romans. Dieser hatte zwar die historischen Möglichkeiten richtig eingeschätzt, aber eine richtige Auskunft ist noch lange keine beglückende. Das Manko der bürgerlichen Existenz gesteht der Roman, der sie zu seinem Thema gewählt hat, selbst ein, indem er seiner Erkenntnis die Form der Desillusion gibt. Hinter dem abgebauten Heros wird kein glücklicher Mensch sichtbar, der Verzicht auf tätige Selbständigkeit kommt in Melancholie, Reflexion und ›Bildung‹ zum Ausdruck, doch nicht zum Ausgleich. Das Unglück des bürgerlichen Lebens darzustellen, war zweifellos ein literarischer Fortschritt der Romankunst, auf einen geschichtlichen Fortschritt menschlicher Möglichkeiten ließ jedoch solche Darstellung nicht schließen. Vor allem die literarische Tradition konnte das Ungenügen an der Verfassung der modernen Gesellschaft artikulieren, denn sie bewahrte Bilder eines anderen Lebens, auch aus der heroischen Frühe, die das 18. Jahrhundert wieder zu lesen und mit neuem historischem Bewußtsein aus den geschichtlichen Bedingungen dieser früheren Zeit zu verstehen begann. Es ist bedeutsam, daß Albano und Wilhelm Meister – wie die prominentesten Helden des modernen Romans seit Don Quijote – lesende Helden sind, genauer: Figuren, die erst durchs Lesen vergangener Poesie zu (allerdings problematischen) ›Helden‹ werden, indem sie vorbürgerliche Helden zum Vorbild eines unbürgerlichen Lebens in der bürgerlichen Realität nehmen.[45] Bürgerliches

45 Die am ehesten glückliche Vermittlung gelingt Wilhelm Meister, der Poesie als Leben zu realisieren vermag, indem er sie als Rolle auf dem Theater

Denken verfügt also anhand der literarischen und kulturellen Überlieferung über einen ›Mehrwert‹ von Vorstellungen gegenüber der bestehenden Realität und ist deshalb mit deren simpler Abbildung nicht zufriedenzustellen. Die Kenntnis von der heroischen Dichtung vergangener Epochen hält eine Alternative zur melancholischen Untätigkeit des bürgerlichen Daseins und dessen Spiegelung im Roman wach. Hieraus zieht sogar die verachtete Trivialliteratur ihren Lebens-, vielleicht ihren Rechtsgrund. Jean Paul, mit den Trivialromanen seiner Zeit vertraut und manchmal – zwar nie in der Qualität, aber in den Themen und im Publikumserfolg – auch verwandt, Jean Paul hat im *Titan* diesen Lebensgrund erkannt und als Rechtsgrund anerkannt. Er stellt in Albano den Bürger dar, der mehr als ein Bürger sein und durch die Tat die verlorene Ganzheit des Heros wiedergewinnen will. Doch Jean Paul weicht nicht in die Bequemlichkeit des Trivialromans aus, der das Gewünschte als Geschehen vortäuscht, sondern hält unversöhnt die bürgerliche Realität und den heroischen Wunsch auseinander: jene wird nicht verleugnet, dieser nicht zur Raison gebracht. Die Unmöglichkeit der Tat verhindert die Tat, nicht das Streben nach ihr. Gerade indem er diese wohlbegründeten Widersprüche unaufgelöst läßt, hat Jean Paul die komplexe Situation des bürgerlichen Zeitalters, ihren Widerspruch zwischen enger Realität und weitem Bewußtsein, zur Anschauung gebracht.

übernimmt. Damit hält er je gleichen Abstand vom Wahn Don Quijotes, der Literatur und Wirklichkeit identifiziert, und von der Schwärmerei der Madame Bovary, die an der Diskrepanz von Erwartung und Erfahrung zerbricht.

II. Poesie und Prosa. Liebe und Arbeit. Goethes »Bräutigam«

Der Bräutigam

Um Mitternacht, ich schlief, im Busen wachte
Das liebevolle Herz als wär es Tag;
Der Tag erschien, mir war, als ob es nachte,
Was ist es mir, so viel er bringen mag.

Sie fehlte ja, mein emsig Tun und Streben
Für sie allein ertrug ich's durch die Glut
Der heißen Stunde; welch erquicktes Leben
Am kühlen Abend! lohnend war's und gut.

Die Sonne sank und Hand in Hand verpflichtet
Begrüßten wir den letzten Segensblick,
Und Auge sprach, ins Auge klar gerichtet:
Von Osten, hoffe nur, sie kommt zurück.

Um Mitternacht, der Sterne Glanz geleitet
Im holden Traum zur Schwelle, wo sie ruht.
O sei auch mir dort auszuruhn bereitet,
Wie es auch sei, das Leben, es ist gut.[1]

Goethes Gedicht, dessen Überschrift den Gegenstand einfach und eindeutig nennt, hat der traditionellen Literaturwissenschaft Verlegenheit bereitet: waren schon Datum und der stets erwünschte biographische Hintergrund nicht zuverlässig zu ermitteln, so wollte man auch dem offensichtlichen Inhalt derart mißtrauen, daß den meisten die Überschrift ›Der Witwer‹ angemessener dünkte.[2] In der Sehn-

---

[1] Goethe, *Gedenkausg.*, Bd. 2, S. 50.
[2] So explizit – nach Vorläufern im 19. Jahrhundert – Gottfried Wilhelm Herz, *Goethes Gedicht »Der Bräutigam«*, Germanisch-romanische Monats-

sucht des Liebenden nach dem Grab der Geliebten, in der vertrauten Weise von Liebe und Tod schien diesen Interpreten ›Idee‹ und ›Aussage‹ des Gedichts zu liegen. Ihr Versehen ist kein zufälliges; die falsche Argumentation hat ihre Gründe, die etwa in der scheinbaren Logik von Walther Hofs Deutung der letzten Zeile – »Wie es auch sei, das Leben, es ist gut« – aufzuspüren sind: »Das Wort kann einfach nicht ausgesprochen werden unmittelbar nach dem Wunsch, endlich mit der Geliebten das Lager teilen zu dürfen. Was aber nun? Es bleibt nichts anderes übrig, als das Gedicht sozusagen von der letzten Zeile aus nach rückwärts zu interpretieren. Diese letzte Zeile spricht ein so schwerwiegendes Dennoch aus, daß ein tragisches Geschehen vorausgesetzt werden muß. Dann kann mit der ›Schwelle, wo sie ruht‹, schlechterdings nicht die Schlafkammer der ›Braut‹ gemeint sein. Was aber bleibt dann allein übrig? Ihr Grab.«[3]

Unbestreitbar geht der letzten Zeile, die oft isoliert und dann platt optimistisch zitiert wird, die Anstrengung eines ›Dennoch‹ voraus; doch läßt die generalisierende Formulierung »wie es auch sei« weniger auf ein bestimmtes »tragisches Geschehen«, einen Todesfall, als auf einen allgemeinen tragischen Zustand schließen. Als einzige Negation der Liebe kann sich Hof (wie die Mehrheit der Interpreten) nur den Tod denken – obwohl dafür im Gedicht selbst jeder Hinweis und Anhalt fehlt. Wozu wäre aber so ausführlich vom Verlauf des Tages, von den Mühen der Arbeit die Rede, wenn sie für das angeblich dargestellte Thema von Liebe und Tod keine Bedeutung haben? In der Tat hat bisher

---

schrift 19 (1931), S. 224 (»der Sinn erfordert die Überschrift: ›Der Witwer‹«) und Franz Koch, *Goethes Stellung zu Tod und Unsterblichkeit*, Weimar 1932, S. 229 (»Besser hieße es Der Witwer«). Der Todesthematik reden u. a. das Wort: Max Kommerell, *Gedanken über Gedichte*, Frankfurt 1943, S. 136–140 und Walther Hof, *Zu Goethes Gedicht »Der Bräutigam«*, Euphorion 46 (1952), S. 301–306.

3 Hof, *Der Bräutigam*, S. 304.

niemand – auch keiner der wenigen, die den Titel *Bräutigam* beim Wort nahmen – diesen Bereich der Arbeit genauer beachtet und in ihm den Kontrapost zur Liebe erkannt. Gewiß ist die Praxis des tätigen Menschen kein übliches Thema der Literatur; doch selbst dort, wo es der Dichter bewußt gegen poetischere Gegenstände gesetzt hat, entgeht es dem Blick einer Literaturwissenschaft, in deren Kategorien Ökonomie und Arbeit von vornherein fehlen und die sich bei der Bestimmung literarischer Gehalte ans Höhere der ideellen Werte hält, zu denen sie etwa Liebe und Tod stilisiert hat. Kein Bereich des sozialen Lebens hat sich bisher erfolgreicher einer historisch-politischen Aufklärung entzogen als das ›Reich der Liebe‹. Aufklärung nimmt hier ihren Anfang im Gedicht selbst, das Arbeit als Grundbedingung der menschlichen Existenz nicht verschweigt. Begründet und überschritten zugleich wird eine solche Auslegung durch die generelle Erkenntnis, die Marx bei Hegel beginnen sah, indem er »das Wesen der Arbeit faßt und den gegenständlichen Menschen, wahren, weil wirklichen Menschen, als Resultat seiner eigenen Arbeit begreift«.[4] Daß der *Bräutigam* das Verhältnis von Arbeit und Liebe zum Vorwurf hat, ist die These meiner Interpretation.

Beim Umgang mit Goethes Werken, besonders den Gedichten, ist's der Brauch, die Deutung wenn nicht auf die Biographie anzulegen, so immerhin mit ihr zu stützen. Die bei unserem Gedicht zahlreich angestellten Versuche, es auf Goethes Frau Christiane, Charlotte von Stein, Ulrike von Levetzow oder Lili Schönemann zu beziehen, lassen dieses Verfahren zumindest hier nicht als das glücklichste erscheinen. Mögen auch für Lili[5], der einzigen wirklichen Braut in

---

[4] Karl Marx, *Die Frühschriften*, hg. von Siegfried Landshut, Stuttgart 1953, S. 269.
[5] Auf sie als biographische Grundlage des *Bräutigam* hat zuerst Ernst Beutler hingewiesen (*Lili. Wiederholte Spiegelungen*, in: E. B., *Essays um Goethe*, Bd. 2, Wiesbaden 1947, S. 1–160).

Goethes Leben, die besten Argumente sprechen – vor allem die wörtlichen Parallelen zu den Passagen in *Dichtung und Wahrheit*, die von der Brautzeit mit Lili handeln –, so verbietet der wohlverstandene Ton des Gedichts, es auf jene enge, spezielle Dimension des Biographischen zurückzuführen, die es gerade uneinholbar verlassen hat. Wie es Goethes Altersstil eigentümlich ist, hält auch der *Bräutigam*, wahrscheinlich 1824 oder 1825 entstanden[6], zu aller Unmittelbarkeit des Erlebens den Abstand der Reflexion. Da die Distanz zur eventuellen Vorlage, der Verlobungsgeschichte mit Lili, bereits historisches Ausmaß angenommen hat, ein halbes Jahrhundert nämlich, kann nur philosophierendes Bedenken, Verallgemeinerung die poetische Wiederholung im Gedicht rechtfertigen. Nicht ein Erlebnis, sondern ein Thema steht daher in seinem Zentrum[7]; nicht davon, wie er einmal Bräutigam gewesen war, sondern über *den* Bräutigam spricht Goethe. Die Überschrift führt den Sprecher des Gedichts, der »ich« sagt, dennoch als einen »er« vor, als ›typischen‹ Bräutigam. So begleitet die Worte, die nur das Herz des Liebenden zu sprechen scheint, nachdenklich betrachtend, still zeigend der Kommentar des Dichters. Aus dem, was der Bräutigam sagt, gilt es die Einsicht in das zu gewinnen, was ein Bräutigam ist, gilt es die Lage zu begreifen, aus der er, sich selbst ein Rätsel, redet. Solche Anstrengung, Aussage in Erkenntnis, Lyrik in Theorie überzuleiten, Individualität als Typ sozialer Konstellation aufzufassen, verfehlt nicht den Charakter dieses – wenn überhaupt eines – Gedichts, das seinen Grund in der Interpretation des

6 Zu dieser einzig überzeugenden Datierung gelangt Liselotte Blumenthal, *Goethes Gedicht »Der Bräutigam«*, Goethe 14/15 (1952/53), S. 108–135.

7 In diesem Sinne einer allgemeinen Thematisierung von Wirklichkeit ist wohl Goethes Äußerung zu verstehen, die meist als Legitimation für biographisch-partikulare Interpretationen zitiert wird: »Allgemein und poetisch wird ein spezieller Fall eben dadurch, daß ihn der Dichter behandelt. Alle meine Gedichte sind Gelegenheitsgedichte, sie sind durch die Wirklichkeit angeregt und haben darin Grund und Boden.« (18. 9. 1823, zu Eckermann, *Gedenkausg.*, Bd. 24, S. 48 f).

eigenen Lebens aufs Typische hin hat. Der alte Goethe ermächtigt selbst zu diesem Verfahren, wenn er zum Hauptwert eines Gedichts das Motiv erklärt und ihn an seiner Übersetzbarkeit in Prosa messen will. Freilich bleibt eine Analyse des theoretischen Gehalts nur dann dem Gedicht gegenüber im Recht, wenn sie am Ende auch die Notwendigkeit zeigt, aus der heraus dieser Gehalt historisch nur im Gedicht erscheinen konnte – und nicht für sich abgelöst, wie ihn ein vorläufiger Schritt der Interpretation darstellen kann und muß.

Generalisierung gelingt dem Gedicht, indem seine Sprache sich der poetischen Tradition verpflichtet, die hinter dem Schein und Zufall der Subjektivität das Altbekannte, nur Wiederholte, Gesetz also und Objektivität hervorholt. Bereits in *Dichtung und Wahrheit* verweist Goethe auf die Parallele des *Hohen Liedes* (5,2) zu seiner Rolle als Lilis Bräutigam: »Es war ein Zustand, von welchem geschrieben steht: ›ich schlafe, aber mein Herz wacht‹; die hellen wie die dunkeln Stunden waren einander gleich; das Licht des Tages konnte das Licht der Liebe nicht überscheinen, und die Nacht wurde durch den Glanz der Neigung zum hellsten Tage.«[8] Deutlich ist der Anklang der Worte, Motive und Vorstellungen in der ersten und letzten Strophe des *Bräutigam* zu vernehmen.[9] Aber während die Autobiographie eigene Erfahrung und das Vorbild des *Hohen Lieds* aufeinander bezieht und im Bezug doch auseinanderhält, vermittelt das Gedicht, das am Vergleich das ›wie‹ einspart, die

---

8 *Gedenkausg.*, Bd. 10, S. 764 (= 17. Buch).
9 Etwa zur gleichen Zeit, da *Der Bräutigam* entstanden ist, urteilt Goethe über ein serbisches Volkslied: »Liebevolle Rast nach Arbeit; sehr schön! es hält Vergleichung aus mit dem hohen Liede.« (*Weimarer Ausg.*, Bd. 41, T. 2, S. 145). Über die gemeinsame Anspielung auf das *Hohe Lied* bestätigt Goethes indirekter Hinweis auch die von uns behauptete Thematik des *Bräutigam*: »Liebevolle Rast nach Arbeit.« Diese Stelle wie auch andere Übersetzungen des *Hohen Liedes* zieht Walter Müller-Seidel zu seiner Interpretation bei (*Goethes Gedicht »Der Bräutigam«. Ein Beitrag zur Form seiner Alterslyrik*, Goethe 20 (1958), S. 6–27).

Autorität der biblischen Sprache dem lyrischen Ausdruck, so daß Individualität zugleich Typus, Urbild darstellt. Allgemeinheit also ist, genauer, der Geltungsbereich des Gedichts, Verallgemeinerung liegt ihm voraus; es nimmt zum Ausgangspunkt das Resultat, zu dem Goethes Altersrückblick auf seine Jugendgeschichte gekommen ist: »Es war ein seltsamer Beschluß des hohen über uns Waltenden, daß ich in dem Verlaufe meines wundersamen Lebensganges doch auch erfahren sollte, wie es einem Bräutigam zu Mute sei.«[10]

Es genügt jedoch nicht, einzig in der Typisierung Zweck und Leistung der Assonanz ans *Hohe Lied* zu erkennen; etwas vom Charakter und Gehalt des Vorbilds muß die Anspielung, soll sie auch inhaltlich sinnvoll sein, in den neuen Kontext einbringen. Das *Hohe Lied* zeigt keine Verwandtschaft mit den Gattungen europäischer Liebeslyrik, seien sie erotischer, bukolischer oder petrarkistischer Observanz. Sie gewinnen ihre jeweilige poetische Identität und Konvention aus der Scheidung und Verabsolutierung dessen, was Salomos Gedicht untrennbar im Phänomen Liebe vorstellt: Sinnlichkeit und Sehnsucht, Obszönität und Zartheit, Besitz und Entbehren, Spiel und Leidenschaft, Gegenwärtigkeit und Traum, Momentaneität und Dauer. Als Paradoxon mußte deshalb Herder, dem modernen Leser, der nur getrennte unvereinbare Bilder der Liebe kennt, jene ungewohnte Einheit erscheinen: »Der Geliebte ist fern und doch der Ihre, sie, doch die Seine. Jetzt ist er an seinem Werk, unter Lilien und Rosen, im Stral des Tages. Noch muß sie ihm entfernt leben, sich die Einsamkeit mit seinem Bilde versingen; Abends aber, wenns kühl wird, wenn sich die Schatten längen, wird er ihr, auf den kleinen Bergen schnell, wie ein Hirsch, wie ein fliegendes Reh erscheinen: das Wiedersehen wird die Länge des Tags belohnen. – So nährt sich die

---

10 *Gedenkausg.*, Bd. 10, S. 767.

Liebe durch Entfernung.«[11] Im besonderen gilt dieser Kommentar seiner eigenen Übersetzung der Verse 2, 16.17 (die übrigens Goethe bekannt war)[12]:

Tagwerk des Geliebten

Mein Geliebter, er ist mein
ich bin sein!
Er der unter Blumen weidet
bis sich Tag und Kühle scheidet,
bis die Schatten lang sich ziehn
und verfliehn,
denn o denn, denn seh ich ihn.

Deutlich werden Prämisse und Richtung von Herders Interpretation im Vergleich mit Luthers getreuerer Übertragung: »Mein Freund ist mein, und ich bin sein, der unter den Lilien weidet. Bis der Tag kühl wird und die Schatten schwinden, wende dich her gleich einer Gazelle, mein Freund, oder gleich einem jungen Hirsch auf den Balsambergen.« Wo Luther selbstverständliche Vertrautheit darstellt, welcher die Tageszeit nichts anhaben kann, sieht Herder sehnsüchtiges Entbehren (»Einsamkeit«, »Entfernung«), eine – wenigstens tagsüber geltende – ›petrarkistische‹ Situation. Diese Deutung bringt das quer zu den Gattungen der europäischen Liebeslyrik liegende *Hohe Lied* auf eine gewohnte poetische Formel – die zugleich und ungewohnt aus der Lebenspraxis begründet und damit entpoetisiert wird: »Jetzt ist er an seinem Werk [...] im Stral des Tages. Noch muß sie ihm entfernt leben«. Nichts anderes als das Tagewerk, die notwendige Arbeit, ist der Grund für die »Entfernung« des Geliebten und für das Gedicht, das »die Einsam-

---

11 Johann Gottfried Herder, *Lieder der Liebe,* in: H., *Sämmtliche Werke,* hg. von Bernhard Suphan, Bd. 8, Berlin 1892, S. 605.
12 1775 hatte Goethe selbst *Das Hohe Lied Salomons* teilweise nachgedichtet (s. *Gedenkausg.,* Bd. 15, S. 323–329).

keit [...] versingen« soll. Sobald aber die schematischen Konstellationen der literarischen Tradition in konkrete Bedingungen aufgelöst sind, endet der gattungspoetische Zwang (der im petrarkistischen System der Liebessehnsucht Erfüllung verweigert hatte), und Hoffnung kann an die Stelle treten, wo herkömmlicherweise Aussichtslosigkeit steht: »das Wiedersehen wird die Länge des Tags belohnen.« Denn der Arbeitstag hat seinen Feierabend, der eine andere Poesie braucht, eine glücklichere, wie sie das *Hohe Lied* ebenfalls bereithält: »denn o denn, denn seh ich ihn.«

Den einheitlichen Bau des *Hohen Lieds* mußte Herder in den Antagonismus von Sehnsucht und Erfüllung zerlegen, um darin den Widerspruch von Arbeit und Liebe abzubilden; am archaischen Text kommt nun die moderne Situation der bürgerlichen Existenz zum Ausdruck. In dieser Herderschen Aktualisierung konnte das *Hohe Lied* zum tauglichsten Vorbild für den *Bräutigam* werden; denn eher an den Herderschen Kommentar als an den Bibeltext selbst halten sich Sinn und Wortlaut von Goethes Gedicht, in das also das Bewußtsein des Problems gleich hereingenommen ist. Auch darin führt Goethe Herder aus, daß er die Klage des Liebenden um die abwesende Geliebte petrarkistisch tönt: mittels der kunstvollen Paradoxie von Tag und Nacht bis in Bild und Syntax, mittels der beiden ersten Quartette, die ein Sonett erwarten lassen, bis in die Form hinein. Wiederum verlieren die traditionellen Formeln den abstrakten Charakter willkürlicher Konvention, indem sie durch die realen Umstände motiviert und nachträglich (»sie fehlte *ja*«) als deren angemessener Ausdruck legitimiert werden: »mein emsig Tun und Streben/ Für sie allein ertrug ich's durch die Glut/ Der heißen Stunde«. Für sich genommen, mag die Wendung »für sie allein ertrug ich's« an die romantisch-heroische Passion des Petrarkisten erinnern, in der konkretisierenden Umgebung der zitierten Verse erhält sie eine andere Bedeutung: die Entfernung ist in der Tat *für* die Geliebte ertragen, weil nur die Arbeit dem Bräutigam, der ja einen Hausstand gründen will, den nötigen Lebensunterhalt verschafft (ebenso sachlich ist zunächst die Feststellung, daß es »lohnend« war, zu verstehen). Daß – anders als im petrarkistischen Gedicht – Distanz, Trennung nicht unaufhebbar am Ende stehen werden, legt bereits das Imperfekt (»ertrug«) nahe. Zeitlich bestimmt und begrenzt, muß der unglückliche Zustand sich in einen glücklichen auflösen, dem er mühevolle, doch notwendige Voraussetzung gewesen war.

Die real so einleuchtende, literarisch aber nirgendwo vorgebildete Lage des arbeitenden Bräutigams gewann ihre poetische Gestalt – d. h. in Goethes Gedicht: Allgemeinheit und Verbindlichkeit – nicht aus einem realistisch widerspiegelnden Verfahren, sondern aus der deutenden Kontamination und realistischen Neuinterpretation früherer Muster (hier: aus der Petrarkisierung des *Hohen Lieds* und im Gegenzug aus der Konkretisierung des Petrarkismus). Ebenso muß die glückliche Wendung – deren Korrespondenz zur Realität vorerst dahingestellt sei – sich einer überkommenen poetischen Sprache bedienen, damit literarische Vertrautheit eine innere Glaubwürdigkeit der behaupteten Lösung nahelege. Einzige Gattung, welche das Liebespaar friedlich-sicher zusammenleben läßt, ist die idyllisch-bukolische, »ein herrliches Feld zu schönen Beschreibungen eines tugendhaften und glücklichen Lebens«.[13] Die Gegensätze

---

[13] Johann Christoph Gottsched, *Versuch einer Critischen Dichtkunst*, 4. Aufl., Leipzig 1751 (Facs. Darmstadt 1962), S. 582. Aufschlußreich ist, daß Gottsched hier von der Möglichkeit spricht, die Idylle im patriarchalischen Zeitalter des *Alten Testaments* (»vor und nach der Sündfluth«) anzusiedeln. Er rät also bereits zu einer Verschmelzung biblischer und bukolischer Elemente, wie sie Goethe vornimmt, um die ländliche Szenerie des *Bräutigams* aus der unverbindlichen Konvention in den festeren, festlichen Entwurf eines auch theologisch gerechtfertigten Lebens überzuführen: »es ist gut«.

mildernd, wirkt dieser tröstliche Schein der Bukolik schon früher im Gedicht, dessen Szenerie durch den vielfachen Hinweis auf die Tageszeiten, ihre Wirkung auf den arbeitenden oder ruhenden Menschen, sich als ländlich zu erkennen gibt. Auch die auffällige, in gleicher Richtung wirkende Konkretisierung, die das petrarkistische Schema abgewandelt, weil aus der Lebenspraxis begründet hatte, besitzt in der Sinnlichkeit und Detailfreude der bukolischen Welt ihren gattungspoetischen Ursprung.

Das »erquickte Leben/ Am kühlen Abend«, den das Paar »Hand in Hand verpflichtet« gemeinsam verbringt, bietet sich der idyllischen Bestimmung ohne Schwierigkeiten an[14]; die vorangegangene Darstellung der Arbeit scheint dagegen nicht in diesen Bereich zu gehören. Doch hat die Subsumierung des ›Landgedichts‹ unter die Schäferdichtung seit dem 18. Jahrhundert dem poetischen Bild des pastoralen Lebens realistischere Züge ermöglicht; Mendelssohn etwa rechnet Landgedicht und Schäferpoesie zur selben Gattung und unterscheidet sie nur nach ihren thematischen Vorlieben; diese konzentriere sich auf Empfindungen und Leidenschaften, jenes mehr auf Beschäftigungen.[15] Wie auch diese Differenzen harmonisiert werden, zeigt der Bericht vom Tageslauf eines Hirten in Gessners *Daphnis:* »O! wie froh bin ich, [...] wann ich vom gesunden Schlafe mit neuen Kräften erwache, dann singen mir die frühen Vögel zur Arbeit, und die Morgensonne grüßt mich mit hellen Strahlen, froh gehe ich dann an des Tages Arbeit, und singe auf dem Felde, wo ich die kleine Heerde hüte, oder mein kleines Feld baue, oder wann ich dem Nachbar helfe, sein Feld bauen. Dann

---

14 Vgl. die neunte von Goethes *Römischen Elegien:* »Herbstlich leuchtet die Flamme vom ländlich geselligen Herde [...]«; dann erscheint »mein liebliches Mädchen« (*Gedenkausg.*, Bd. 1, S. 170).
15 Moses Mendelssohn, *86ster Brief, die neueste Litteratur betreffend* (über Johann Adolf Schlegels *Abhandlung von dem eigentlichen Gegenstande der Schäferpoesie*), in: M. M., *Gesammelte Schriften*, Bd. 4, Th. 2, Leipzig 1844, S. 23.

würzt mir die Arbeit die schlechte Speise, und erhält mich gesund. O! wie froh bin ich dann, wenn ich des Abends müd in die Hütte gehe, wenn das dankbare Weib mich in die Arme empfängt, und meinen Durst zu löschen, mir einen Krug voll frischen Wassers bringt, oder Most, wenn es zureicht, und meinen Hunger stillet, mit Brod, Käse und Früchten!«[16] Gerade der Nachdruck, mit dem Gessner die Einheit der arkadischen Stimmung behauptet, macht auf die harten Differenzen aufmerksam, die in der außerpoetischen Realität dem bürgerlichen Menschen zwischen Tag und Abend, Arbeit und Liebe erwachsen; die poetische Form (Idylle) soll die substantiellen Widersprüche zwischen dem Inhalt (den Empfindungen des Schäfers Daphnis) und der von ihm postulierten Realität (agrarische Existenz) verbergen, als gelöst erscheinen lassen.[17]

Solche Harmonie wirkt im *Bräutigam* zumindest nicht von Anfang an; eher möchte man die ersten sechs Verse des Gedichts verzweifelt nennen. Hier ist es die Negativität der petrarkistischen Konstellation, welche das ungebrochene Glück des bukolischen Daseins verhindert, indem Klage, Sehnsucht, Erdulden, Getrenntheit den Gegensatz von Liebe und Arbeit, »Empfindungen« und »Beschäftigungen« bewußtmachen. Gegenseitig relativieren sich also die jeweiligen Gattungselemente; die einst autonomen, stimmigen Welten werden zu sich überschneidenden Perspektiven, deren literarische Widersprüchlichkeit auf eine außerliterarische Realität als vorausliegenden Gegenstand, als Grund des Widerspruchs und als ideelles Ziel einer neuen Einheit verweist. Noch im guten Ende bleibt die unidyllische Mühe der Arbeit spürbar: statt des idyllischen ›Ruhens‹ (das nur

---

16 Salomon Gessner, *Daphnis,* in: S. G., *Schriften,* Th. 2, Wien 1774, S. 77.
17 Zu Gessners Konkretisierungsversuchen der Poesie und gleichzeitigen Harmonisierungsversuchen der so entstandenen ›realistischeren‹ Poesie s. Burghard Dedner, *Topos, Ideal und Realitätspostulat. Studien zur Darstellung des Landlebens im Roman des 18. Jahrhunderts,* Tübingen 1969, S. 7–12.

der Geliebten zusteht: »sie ruht«) wird dem Bräutigam nur die (überdies erst künftige) Gunst »*aus*zuruhen« zuteil; Erfüllung vergißt hier nicht, wie unerfüllt der Tag gewesen war.

Dieser Ernst, der Goethes Behandlung des Themas ›Liebe – Arbeit‹ von Gessners freundlichem Leichtsinn unterscheidet, darf jedoch nicht dazu verleiten, den *Bräutigam* nun als ›wahre‹ Umsetzung seines Problems anzusehen – eines Problems, das Allgemeingültigkeit nicht allein, wie man meistens sagt, der poetischen Form, sondern seiner intendierten sozialen Relevanz und Typik verdankt und dessen Darstellung deshalb den Vergleich mit der wirklichen Situation der bürgerlichen Klasse fordert.

Abgerückt von der simplen Lösung bukolischer Heiterkeit, die der bürgerlichen Realität zu keinem glaubhaften Ausdruck dienen kann, verwehrt Goethe dieser dennoch den unmittelbaren Eintritt ins Gedicht, übernimmt er von jener – abgeschattet – den Ton ländlicher Zuversicht. Daß in diesem Rückgriff auf bäuerliche Lebensformen, den man Goethe aufgrund seines eigenen Typus-Begriffs gestatten möchte, doch etwas Verfälschendes, Ideologisches steckt, kann der Vergleich mit *Dichtung und Wahrheit* lehren, wo Goethe im 17. Buch seine Brautzeit mit Lili Schönemann beschreibt. Eine Stelle markiert Übereinstimmung und Abweichung zum *Bräutigam* genau: »Konnt' ich denn auch wegen mannigfacher Geschäfte [in Frankfurt] die Tage dort draußen bei ihr [in Offenbach] nicht zubringen, so gaben die heiteren Abende Gelegenheit zu verlängertem Zusammensein im Freien.«[18] Wenig später werden diese »Geschäfte« als »gleichgültige weltliche Geschäfte« charakterisiert, »aus denen ich auch nur wieder Vorteil und Zufriedenheit an der Hand der Geliebten zu gewinnen hoffen durfte.«[19]

18 *Gedenkausg.*, Bd. 10, S. 764.
19 Ebd., S. 766.

Die Abende mit der Geliebten spielen auch hier in ländlicher Umgebung, die Arbeit des Tages jedoch ist von ihr räumlich und gesellschaftlich vollständig getrennt: spezialisiert und funktionalisiert in den komplizierten sozialen und ökonomischen Prozessen des städtischen Bürgertums, kann das »Geschäft« des Juristen Goethe nur abstrakt – durch die Ausübung und das Einkommen eines bürgerlichen Berufs überhaupt – eine Beziehung zur Braut herstellen. Nichts als äußere Notwendigkeit verknüpft Arbeit und Liebe, deren inneres Verhältnis wohl nur der Begriff ›Entfremdung‹ erfaßt. Von einem glücklichen Ausgang der Liebesgeschichte weiß deshalb auch die Autobiographie nichts zu berichten. Die Härte des Gegensatzes mildert – um nicht zu sagen: verschleiert – Goethe im Gedicht, indem er eine bürgerliche Problematik im Bild einer vorbürgerlichen Produktionsweise darstellt.

Was die Vorzüge der bäuerlichen Arbeit gegenüber der bürgerlichen gerade für den Liebenden seien, hat schon Kleist seiner Braut vorgerechnet: »Glaubst Du daß sich die Leute in der Stadt *lieben*? Ja, ich glaube es, aber nur in der Zeit, wo sie nichts Besseres zu tun wissen. Der Mann hat ein Amt, er strebt nach Reichtum und Ehre, das kostet ihm Zeit. Indessen würde ihm doch noch einige für die Liebe übrig bleiben. Aber er hat Freunde, er liebt Vergnügungen, das kostet ihm Zeit. Indessen würde ihm doch noch einige für die Liebe übrig bleiben. Aber wenn er in seinem Hause ist, so ist sein zerstreuter Geist außer demselben, und so bleiben nur ein paar Stunden übrig, in welchen er seinem Weibe ein paar karge Opfer bringt – Etwas Ähnliches gilt von dem Weibe, und das ist ein Grund, warum *ich* das Stadtleben fürchte. Aber nun das Landleben! Der Mann arbeitet; für wen? Für sein Weib. Er ruht aus; wo? bei seinem Weibe. Er geht in die Einsamkeit; wohin? zu seinem Weibe. Er geht in Gesellschaften; wohin? zu seinem Weibe. Er trauert; wo? bei seinem Weibe. Er vergnügt sich; wo? bei seinem

Weibe. Das Weib ist ihm *alles* —.«[20] Wie Kleist das Landleben rühmt, erinnert sogar in den Formulierungen an den *Bräutigam*[21]; das Stadtleben jedoch, das auch *Dichtung und Wahrheit* als unvermeidliche Realität eingestanden hatte, ist in dem Gedicht bewußt unterschlagen — desto deutlicher muß die Analyse es als sozialen Grund der poetischen Alternative erschließen. Goethe selbst erkennt in Gessners Idyllen das Produkt von »Empfindungen, die aus der bürgerlichen Gesellschaft in die Einsamkeit führen, aufs Land, wo wir dann nur zum Besuch sind, nur wie bei einer Visite die schöne Seite der Wohnung sehn«.[22] Negativ beurteilt, lassen sich die Charakteristika der bürgerlich-städtischen Existenz ex negativo aus dem Lob des Landlebens ableiten, das die ideologischen Züge unverhüllt zeigt, weil es in seiner Gegenbildlichkeit poetisch frei entworfen ist, d. h. genauer: weil es die Gattungsimplikation einer fast erloschenen poetischen Tradition nun ideologisch ausbeuten kann. Die konventionellen Elemente der idyllisch-bukolischen Dichtung nimmt Kleist beim Wort, um den Sinn eines bäuerlichen Lebens zu benennen, das er für real und — wie sein Versuch mit einem Schweizer Hof bewies — für realisierbar hält. Der bürgerlichen Sehnsucht, aus dem Elend der bürgerlichen Ökonomie erwachsen, explizieren sich vorbürgerliche Poesie und vorbürgerliche Ökonomie wechselseitig. Die Autarkie des idyllischen Zustands, der die einstige epische Totalität ins Enge zusammengezogen hat, scheint dann die geschlossene Hauswirtschaft der (freilich stilisierten) agrarischen Produktion abzubilden. Im bäuerlichen Gewand lebt

20 An Wilhelmine von Zenge, 27. 10. 1801, in: Kleist, *Sämtl. Werke u. Briefe*, Bd. 2, S. 697.
21 Vgl. »Der Mann arbeitet; für wen? Für sein Weib« (Kleist) — »Für sie allein ertrug ich's durch die Glut/ Der heißen Stunde« (Goethe); »Er ruht aus; wo? bei seinem Weibe« (Kleist) — »O sei auch mir dort auszuruhn bereitet« (Goethe).
22 Goethes Rezension der *Moralischen Erzählungen und Idyllen von Diderot und S. Gessner* in den *Frankfurter gelehrten Anzeigen*, 25. 8. 1772 (*Gedenkausg.*, Bd. 14, S. 155).

so die freie, aus den Mitteln der eigenen, kleinen Welt sich nährende Genügsamkeit und Heiterkeit der Schäfer weiter.

Mit der alten Faulheit der Idyllenbewohner ist's allerdings vorbei; gerade die agrarische Fassung der bukolischen Welt eignet sich dazu, das bürgerliche Arbeitsethos aufzunehmen. Kleist und Goethe kommen mit dieser Umdeutung Hegels späterem Einwand gegen die Idylle zuvor: »Der Mensch darf nicht in solcher idyllischen Geistesarmut hinleben, er muß arbeiten.«[23] Durch jenen Kompromiß wird aber das sperrige Phänomen Arbeit um so leichter poetisiert und verklärt: in die idyllische Harmonie eingeschlossen, scheint es den schönen Reigen von Ruhe, Einsamkeit, Geselligkeit, Trauer und Vergnügen nicht zu stören. Der Abstand, den das Bild des bäuerlichen Tuns von der Wirklichkeit des bürgerlichen Geschäfts hält, dient dazu, Arbeit überhaupt (also auch das Geschäft) zu ästhetisieren. Unterstützt wird solche ästhetische Darstellung der Arbeit wiederum durch die bukolische Poesie, die dem angeblich naiven Schäfer das Bewußtsein von seiner glücklichen Lage, die er ja ständig zu besingen hatte, mitgab. Beide, der Briefschreiber Kleist, der Pläne schmiedet, und Goethes Bräutigam, der sich Rechenschaft gibt, halten genügend reflexive Distanz zur Arbeit, so daß sie als partielles und also integrierbares Gegenüber eines in sich geschlossenen Individuums erscheinen kann, dessen humane Ganzheit jeglichem Äußeren überlegen ist und demnach keine Entfremdung durch die mögliche Fremdbestimmtheit der Arbeit erfährt. Inhalt und Form, bäuerliche Welt und idyllische Ästhetik wirken zusammen, um der Arbeit ihre schlimmste Wahrheit zu nehmen: die Zerstückelung und Selbstentfremdung des Individuums.

Mögen solche poetische Verschiebungen auch die Schrecken der Arbeit mildern, einen eigenen Sinn können sie ihr nicht

23 Hegel, *Ästhetik*, Bd. 1, S. 255.

vermitteln. Über die Sphäre bloß physischer Notwendigkeit in Reproduktion und Kommerz weisen erst humane Bezüge hinaus: »Für sein Weib« (Kleist), »Für sie« (Goethe) sei die Arbeit ertragen und darum erträglich. Gerade weil die Frau nicht direkt in die bürgerliche Arbeitswelt hineingezwungen ist, kann sie zu deren Flucht- und Zielpunkt werden. Sie ist »das einzige Gefäß, was uns Neueren noch geblieben ist, um unsere Idealität hinein zu gießen«.[24] Nur im engen Kreis des Hauses tätig, von entfremdeter Arbeit gleichsam frei, scheint sie jene ästhetische Existenz zu führen (»wo sie ruht«!), die dem Mann versagt ist. Als Bräutigam, als Ehegatte schafft der Mann – wie er sich selbst versteht – in der Entfremdung die wirtschaftliche Grundlage für das ›unentfremdete‹ Dasein seiner Frau. Er wünscht, wie es in *Hermann und Dorothea* (IV 198-200) heißt (wo ebenfalls die Idylle epische Totalität als komplementäres Verhältnis von Liebe und Arbeit zu retten versucht), »die Braut in die Kammer zu führen, / Daß dir werde die Nacht zur schönen Hälfte des Lebens, / Und die Arbeit des Tags dir freier und eigener werde«.

Epimetheus wendet eine sinngleiche Interpretation gegen Prometheus ein, der in der Arbeit die einzige relevante Selbstverwirklichung des Menschen sieht, so daß er auf Liebe verzichten kann:

Prometheus: Kleinode schafft dem Manne täglich seine Faust.
Epimetheus: Unwürdge, schafft er nicht das höchste Gut dafür [d. h. die Gunst der Frau].[25]

(Prometheus nimmt den Standpunkt frühkapitalistischer Zweckrationalität ein, der sich im Fall der Liebe gut mit Ratschlägen Francis Bacons erläutern läßt: »Am besten hal-

---

24 Goethe zu Eckermann, 5. 7. 1827 (*Gedenkausg.*, Bd. 24, S. 255).
25 *Pandora* V. 584 f. (*Gedenkausg.*, Bd. 6, S. 426).

ten die, die sich der Liebe nicht entschlagen können, sie fest im Zaum und trennen sie scharf von den ernsthaften Angelegenheiten und Geschäften des Lebens; denn wenn sie sich erst in den Beruf eines Menschen eindrängt, dann verwirrt sie seine Vermögensverhältnisse und macht aus ihm ein Wesen, das seine Ziele völlig aus dem Auge verliert.«[26] Am Ausmaß, in dem Goethe und seine Zeitgenossen solch optimistische Scheidung und Entschiedenheit problematisieren, läßt sich das Altwerden der bürgerlichen Gesellschaft, ihre epimetheische Wende ablesen.)

Als ›Lohn‹ erhält der Mann wenigstens am Feierabend Aufnahme in den schönen Bezirk privater Humanität und für seinen Arbeitstag den Vor- oder Nachglanz einer Idealität – die von der konkreten Praxis dieses Arbeitstages stets verweigert wird. Denn wie sehr der Versuch, durch den Anschluß an die Frau, durch die Liebe, der sich verselbständigenden Arbeit einen Sinn abzugewinnen, lediglich in poetischer Darstellung glückt und wie wenig er einer prosaischen Betrachtung standhält, lehrt von neuem die realitätsgerechtere Schilderung in *Dichtung und Wahrheit*: »Je mehr aber, um des wachsenden Geschäftskreises willen, den ich aus Liebe zu ihr zu erweitern und zu beherrschen trachtete, meine Besuche in Offenbach sparsamer werden und dadurch eine gewisse peinliche Verlegenheit hervorbringen mußten, so ließ sich wohl bemerken, daß man eigentlich um der Zukunft willen das Gegenwärtige hintansetze und verliere.«[27] Dialektisch verschärft also das Bemühen, die Arbeit der Liebe dienstbar zu machen, nur den Gegensatz: je intensiver »für«, desto ferner »sie«. Schillers allgemeine Bestimmung der Moderne wäre an diesem speziellen Fall zu konkretisieren: »der Genuß wurde von der Arbeit, das Mit-

---

26 Francis Bacon, *Essays*, hg. von Levin L. Schücking, Stuttgart 1970 (= Reclam 8358–60), S. 32 (*Über die Liebe*).
27 *Gedenkausg.*, Bd. 10, S. 765.

tel vom Zweck, die Anstrengung von der Belohnung geschieden.«[28]

Das harmonisierende Bild von Arbeit und Liebe hatte – hierin ebenfalls idyllisch-bäuerlichen Verhältnissen folgend – ständige räumliche Nähe der Liebenden vorausgesetzt, eine Prämisse, die sich bei bürgerlichen Geschäften, bei der Trennung von Arbeitsplatz und Wohnung, kaum einhalten ließ. Wie eine Umsetzung dieser Problematik in poetisches Geschehen mutet Goethes Elegie *Alexis und Dora*[29] an: die Liebe entsteht eben in dem Augenblick, da das Geschäft zur Abreise zwingt; sogleich versucht Alexis, das – in der unaufhaltsamen Abfahrt des Schiffes symbolisierte – Geschäft in den Dienst der Liebe zu stellen; jetzt versteht er sich als »Bräutigam«, der Schätze für seine Braut erwerben muß. Innere Verbindung und reale Trennung, Liebe und Arbeit verschränken sich zu einem elegischen Gegensatz: »Noch schlagen die Herzen/ Füreinander, doch ach! nun aneinander nicht mehr.« Das Schiff ist »vorwärts gerichtet«, Alexis »steht rückwärts gewendet am Mast« – in diesem Antagonismus, der äußere und innere Bewegung, Zwang zum Erwerb (Schiff) und humanes Bedürfnis (Alexis), prometheisches »vorwärts« und epimetheisches »rückwärts« scheidet und doch zusammenzwingt, ist der Widerspruch des Lebens unter den Bedingungen der bürgerlichen Ökonomie nicht auf den Begriff, aber – eindeutig genug – ins Bild gebracht. In der Tat läßt »sich wohl bemerken, daß man eigentlich um der Zukunft willen das Gegenwärtige hintansetze und verliere«.

Die Verzweiflung, die den Liebenden ergreift, sobald er solcher Verstrickung gewahr wird, kommt auch im *Bräutigam* zum Ausdruck. Der *Grund* der Verzweiflung wird jedoch

---

[28] Friedrich Schiller, *Über die ästhetische Erziehung des Menschen* (6. Brief), in: S., *Sämtliche Werke*, hg. von Otto Güntter und Georg Witkowski, Leipzig o. J., Bd. 18, S. 22.
[29] *Gedenkausg.*, Bd. 1, S. 182–187.

nur in Andeutungen genannt, weil eine klare Erkenntnis der materiellen Basis auch deren unaufhebbare Wirksamkeit bedenken und dadurch die poetische Lösung, der das Gedicht zustrebt, beeinträchtigen, gar verbieten müßte. Ökonomisch begründet, zeitigt der Gegensatz von Arbeit und Liebe, Tag und Abend auch entgegengesetzte Emotionen, weitaus weniger vereinbar, als Goethe vorgibt: die Ausrichtung der Arbeit »für sie«, die Hoffnung auf den Lohn des Abends mag durch ein paar Verse tragen, einen wirklichen Tag wird sie nicht anhalten; und der tröstende Hinweis der Geliebten auf den nächsten Morgen – »Von Osten, hoffe nur, sie kommt zurück« – soll endliches Glück, die nahende Hochzeit, verheißen, führt aber den kritischen Leser zum Ausgangspunkt zurück, zur endlosen Wiederholung neuer Arbeitstage, welche die Klage erneuern: »Was ist es mir, so viel er bringen mag.« Das Tagwerk bleibt dem Wesen und Wünschen des Liebenden äußerlich, äußerlich selbst den zweckrationalen Rechtfertigungen, es sei als Erwerb für den Erwerb der Braut unumgänglich. – Über den Wunsch kommt diese Konstruktion nicht hinaus; Alexis muß sie im Optativ stehen lassen: »Tauschen will ich und kaufen [...] ich widmete gern alle die Ladung nur dir.« Die Wirklichkeit des Tags ist seine Leere (»als ob es nachte«) und Gleichgültigkeit (»was ist es mir«). Daß nicht so sehr die Arbeit um der Liebe willen geschieht, sondern umgekehrt die Idee der Liebe als Trost über die Sinnlosigkeit der entfremdeten Arbeit hinweghelfen soll – dieser Ideologieverdacht ist vielleicht im Fall des *Bräutigam* zu rigoros, gegenüber seinem allgemeinen und im bürgerlichen Bewußtsein bald verallgemeinerten Modell dennoch angebracht.[30] Gottfried Keller hat diese kompensatorische Lei-

---

[30] Den Prototyp dieser Versöhnungsideologie entwickelt Schiller in der *Glocke* und in der *Würde der Frauen*, die man als triviale Gegenstücke zum *Bräutigam* auffassen kann. Daß sie zu Hausgedichten des Bürgertums geworden sind, beweist noch in der Verstümmelung den zentralen Stellenwert der Thematik ›Arbeit und Liebe‹ für das bürgerliche Bewußtsein.

stung der Liebe am Verhalten des Grünen Heinrich dargestellt, der unter dem Unsinn seiner täglichen Arbeit leidet: seine zerstörerische Wirkung »verhütete der freundliche Stern Anna, der immer in meiner Seele aufging, sobald ich in dem Hause meiner Mutter oder auf einsamen Gängen wieder allein war. An sie knüpfte ich alles, wessen ich über den Tag hinaus bedurfte, und sie war das stille Licht, welches das verdunkelte Herz jeden Abend erleuchtete, wenn die rote Sonne niederging«.[31]

»Wessen ich über den Tag hinaus bedurfte«: die Liebe erhält ihre Eigenschaften aus der Bedürftigkeit des Arbeitenden und deshalb aus dem Unterschied zur Arbeit. Als ideologischer Überbau ist Liebe also nicht im Sinn unmittelbarer Spiegelung an die ökonomische Basis ›geknüpft‹, sondern als deren Gegenbild, als Negation im Schleier harmonischer Ergänzung. In der Abendmetaphorik, welche die gesamte bürgerliche Liebesdichtung durchzieht, kommen Praxis und Ideologie seltsam überein, jene aus dürftigem Zwang (weil ihr keine andere Zeit bleibt), diese zur poetischen Verklärung (die nach dem Tag ein geheimnisvoll anderes Reich beginnen läßt – das übrigens auch der bürgerliche Theater- und Opernabend herauführt). »Eines Hohen, Reinen, Unbekannten«, also des strikten Gegensatzes zum Niederen, Schmutzigen, Bekannten des Alltags, fühlt sich der Liebende teilhaftig:

Dem Frieden Gottes, welcher euch hienieden
Mehr als Vernunft beseliget – wir lesens –
Vergleich ich wohl der Liebe heitern Frieden
In Gegenwart des allgeliebten Wesens;
Da ruht das Herz, und nichts vermag zu stören
Den tiefsten Sinn, den Sinn: ihr zu gehören.[32]

[31] Gottfried Keller, *Der grüne Heinrich. Erste Fassung*, Bd. 2, Zürich/München 1926 (= G. K., *Sämtliche Werke*, hg. von Jonas Fränkel, Bd. 17), S. 117.
[32] Goethes *Elegie* aus der *Trilogie der Leidenschaften* (Gedenkausg., Bd. 1, S. 477).

Die religiöse Formel dieser Strophe sollte man nicht als ›Säkularisation‹ mißverstehen, vielmehr als ›Sakralisierung‹ eines längst Profanen durchschauen, das nun als Religionsersatz den neuen Sinnhorizont, das seelische Jenseits einer ›entgötterten‹, aufs »Höhere« aber weiterhin angewiesenen Welt abgeben soll.[33] In der früheren, der vorbürgerlichen Poesie war die hohe Liebe (deren ›Höhe‹ sich nur von niederen *Liebesarten*,[34] nicht vom niederen *Tagwerk* abgehoben hatte!) stets ein anstrengendes Geschäft, im bürgerlichen Bezirk verspricht man sich vor allem Ruhe (»Da ruht das Herz, und nichts vermag zu stören«) – zum Ausgleich für die Unruhe des Geschäfts, Dauer statt Wechsel. Und daß es Wunsch des Mannes ist, »ihr«, der Geliebten, »zu gehören«, hat ebenfalls seinen Grund in der Umkehr der gesellschaftlichen Verhältnisse, in denen alles ihm ›gehört‹; am Abend tauscht der Bürger seinen Besitz gegen sein Herz. Wem diese ökonomische Interpretation zu gewaltsam erscheint, dem sei die übernächste Strophe der zitierten *Elegie* entgegengehalten: hier werden als Verhaltensweisen, welche die Liebe »wegschauert«, ausdrücklich und einzig »Selbstsinn«, »Eigennutz« und »Eigensinn« genannt – die ökonomische, speziell kapitalistische Dimension der Begriffe ist nicht zu übersehen. Ohne soziale Verantwortung, nur dem »Eigennutz«, dem Profit zugetan, begleitet die kapitalistische Wirtschaftsform uneingestanden, aber prinzipiell die Frage nach dem ›Wofür‹; der intime Bereich der Familie, poetischer noch: der Liebe, der scheinbar außerhalb der Sphäre von Ausbeutung und Aneignung steht, soll jener Sinnfrage

---

33 Den ideologischen Zusammenhang von Religion und Liebe erhellt auch der Fortgang der zitierten Stelle aus dem *Grünen Heinrich*: »und in der erhellten Brust wurde mir dann immer auch unser guter Freund, der liebe Gott, sichtbar, der um diese Zeit mit erhöhter Klarheit begann, seine hochherrlichen und ewigen Rechte an mir geltend zu machen.«

34 Zu den verschiedenen, bis ans Ende des 18. Jahrhunderts gültigen Stilebenen der Liebespoesie vgl. Heinz Schlaffer, *Musa iocosa. Gattungspoetik und Gattungsgeschichte der erotischen Dichtung in Deutschland*, Stuttgart 1971.

ihre Antwort geben, das ›Wofür‹ bestätigend und zugleich zum »tiefsten Sinn« transzendierend. – »Der Privatmann, der im Kontor der Realität Rechnung trägt, verlangt vom Interieur in seinen Illusionen unterhalten zu werden.«[35]

Die generelle Opposition von Arbeit und Liebe erfährt einzig in der besonderen von kapitalistischer Produktion und bürgerlicher Privatheit ihre historische Bestimmung. Denn sobald sich der Gegensatz von Lohnarbeit und Kapital herausgebildet hat, ist die Arbeit um die Möglichkeit gebracht, Selbstverwirklichung des Menschen zu sein. Sie wird zum bloßen Mittel der Existenz – dies gilt für den Lohnarbeiter wie für den Kapitalisten, da beiden der Inhalt ihrer Arbeit bzw. der Gebrauchswert ihrer Produkte gleichgültig bleiben muß und beide nur mehr daran interessiert sind, mit Hilfe des in Geld ausgedrückten Lohns bzw. Tauschwerts das von der Sphäre der Produktion getrennte Dasein schlechthin zu erhalten bzw. auszuschmücken. Gerade die Diskontinuität, die entfremdete Beziehung zwischen ökonomischer Tätigkeit und häuslich-humanen Bedürfnissen gestattet diesen den – in sich widersprüchlichen – Schein von Ausgleich und Autonomie. »Obschon die Sphäre des Familienkreises sich selbst als unabhängig, als von allen gesellschaftlichen Bezügen losgelöst, als Bereich der reinen Menschlichkeit wahrhaben möchte, steht sie mit der Sphäre der Arbeit und des Warenverkehrs in einem Verhältnis der Abhängigkeit – noch das Bewußtsein der Unabhängigkeit läßt sich aus der tatsächlichen Abhängigkeit jenes intimen Bereichs von dem privaten des Marktes begreifen.«[36] Deshalb glaubt sich auch der Liebende bei der Geliebten unabhängig von »Eigennutz«, Markt und Konkurrenz – und kommt, weil seine Liebe durch Negation dieser Abhängigkeiten bestimmt ist,

---

35 Walter Benjamin, *Paris, die Hauptstadt des XIX. Jahrhunderts*, in: W. B., *Illuminationen*, Frankfurt 1961, S. 193.

36 Jürgen Habermas, *Strukturwandel der Öffentlichkeit*, 4. Aufl., Neuwied/Berlin 1969, S. 58.

dennoch nicht von der Furcht los, diese jetzt beendeten Prinzipien seiner Ökonomie könnten in die sorgsam abgeschlossene Welt privater Humanität eindringen, d. h. die doch ›erworbene‹ Frau ebenfalls zur Ware werden lassen und weiterer Konkurrenz aussetzen. Das ist's, was den eben auf Kauffahrt ausziehenden, den Gesetzen des Marktes unterworfenen Alexis, obwohl ihm die zurückgebliebene Dora doch »ewige« Liebe versprochen hatte, eifersüchtig macht:

Ja, ein Mädchen ist sie! und die sich geschwinde dem einen
  Gibt, sie kehret sich auch schnell zu dem andern herum.

Hierin, im möglichen Konnex ängstlich getrennter, scheinbar unabhängiger, in Wahrheit voneinander abhängiger Grundsätze wird man den Ursprung der bürgerlichen Eifersucht und ihres literarischen Schauders, des Ehebruchromans, suchen müssen.

Im Ehebruch realisiert sich die materielle Einheit der bürgerlichen Existenz negativ; erst in ihrer kritischen Phase, im späteren 19. Jahrhundert, wird er daher zum Thema.[37] Goethe, von Bedenklichkeit zwar nicht frei, will die Einheit des Lebens, auf die er nicht verzichten kann, dennoch auf der ›positiven‹ Seite halten, d. h. in den Grenzen des bürgerlichen Selbstverständnisses. Aus solcher Anstrengung resultiert die letzte Zeile des *Bräutigam*: »Wie es auch sei, das Leben, es ist gut.« Meist beruhigen sich die Nachsprecher und Ausleger dieses Satzes mit seiner zweiten Hälfte, reduzieren seine verzweifelte Ideologie aufs triviale Wohlbehagen der Bourgeoisie, die ihren Vorteil im Leben, »wie es auch sei«, zu wahren weiß. Doch nicht forsche Indifferenz, sondern Einsicht in die prinzipielle Gespaltenheit des dann wieder zur Einheit gefaßten Lebens spricht aus der

---

[37] Am leichtesten wäre der Zusammenhang von Untreue und Marktgesetzen in Fontanes *L'Adultera* zu zeigen, am Milieu des Romans wie an seiner Metaphorik.

zögernden Überlegung des ersten Satzteiles: »wie es auch sei« – das sagt, daß zunächst »das Leben« nicht eins ist, vielmehr uneins, aufgeteilt in Arbeit und Freizeit, Ökonomie und Liebe. Indem Goethe aber diese Widersprüche unter seine poetischen Vorstellungen vom belebenden Wechsel und vom ›Augenblick‹ subsumiert (die allerdings denselben Widersprüchen entsprungen sein dürften),[38] leitet er zur Idee einer lediglich in sich strukturierten, sinnvoll unterschiedenen, nicht grundsätzlich bedrohten Einheit des Lebens über; den Ansprüchen des Humanitätsbegriffs scheint damit Genüge getan: »das Leben, es ist gut.« Das letzte Wort des Gedichts zitiert das Wort Gottes, der von seiner Schöpfung sagte, »daß alles gut« sei.[39] Eine Theodizee, welche die erlebten Widersprüche in der als widersprüchliches Ganzes geschaffenen Welt aufgehoben glaubt, soll über die historisch-konkrete Erfahrung durch den Rekurs aufs Allgemein-Menschliche trösten. Im Kompromiß zwischen der Erkenntnis einer neuen, spezifisch bürgerlichen Problematik des geteilten Menschen und der Tradition einer alten, poetisch vermittelten Idealität des ganzen Menschen endet das Gedicht. In solcher Vermittlung zwischen

---

[38] Den Verdacht, daß Goethes ständige Forderung, sich an den Augenblick zu halten, auch Kurzsichtigkeit verordnet, um die Grundwidersprüche des bürgerlichen Lebens weniger scharf hervortreten zu lassen, mag folgende Strophe aus der *Marienbader Elegie* nähren:
Drum tu wie ich und schaue, froh verständig,
Dem Augenblick ins Auge! Kein Verschieben!
Begegn ihm schnell, wohlwollend wie lebendig,
Im Handeln seis, zur Freude seis dem Lieben.
Nur wo du bist, sei alles, immer kindlich,
So bist du alles, bist unüberwindlich.
(*Gedenkausg.*, Bd. 1, S. 478). – Die thematische Ähnlichkeit mit dem *Bräutigam* (Handeln – Liebe; »wo du bist, sei alles«) fällt ebenso auf wie die verharmlosende Darstellung der Problematik.
[39] Den Zusammenhang mit den Worten der *Genesis* verbürgt das *Divan*-Gedicht *Es ist gut* (*Gedenkausg.*, Bd. 3, S. 384), das ausdrücklich vom sechsten Schöpfungstag handelt und – was wiederum den theologischen Horizont des *Bräutigam*-Schlusses bewußt macht – in der Liebe jenes von Gott zugesicherte ›Gute‹ erfüllt sieht.

den Gegensätzen der »Prosa« sah Goethe die Aufgabe von »Poesie«: »Wenn durch die Phantasie nicht Dinge entständen, die für den Verstand ewig problematisch bleiben, so wäre überhaupt zu der Phantasie nicht viel. Dies ist es, wodurch sich die Poesie von der Prosa unterscheidet, bei welcher der Verstand immer zu Hause ist und sein mag und soll.«[40] Für den Verstand, mit dem es der Interpret halten muß, bleiben in der Tat die Dinge »ewig problematisch«.
Die Rezeption vorbürgerlicher Literatur im bürgerlichen Zeitalter legt an ihr frei, was sie selber unbewußt in ihren konventionellen Formeln verschlossen gehalten hatte: Gedanklichkeit, Weltentwurf, Menschenbild. So kehrt die zufriedene Stimmung der traditionellen Idylle in Goethes Maxime, daß das Leben gut sei, verwandelt wieder. Ihre theoretische Formulierung sollte jedoch nicht darüber täuschen, daß sie ihre Existenz vorwiegend aus einer poetisch vertrauten Vorstellung zieht. Möglich ist dieser affirmative Beitrag der älteren Dichtung zur Überbrückung der realen bürgerlichen Widersprüche allerdings nur, weil sie von Hause aus von ihnen nicht berührt ist. Der Sinn, den bürgerliche Hermeneutik in früherer Kunst und Literatur entdeckt, entstammt deren Funktion im bürgerlichen Bewußtsein: sie geben Alternativen zur bestehenden, unglücklichen Wirklichkeit; in ihnen findet die kritische Negation der bürgerlichen Realität das poetische Gegenstück. Mündet jedoch – wie im *Bräutigam* – das Gegenbild selbst wieder in poetische Produktion ein, so dient nun gerade seine Abweichung von den zeitgenössischen gesellschaftlichen Gegensätzen zu deren Verschleierung und Harmonisierung. Elemente der vorbürgerlichen Dichtung erzeugen dann den Anschein, als bestünde im Bürgertum noch vorbürgerliche Humanität; sie geraten in jene Ambivalenz von Negation und Affirmation, aus der auch die widersprüchliche Einheit von Goethes Gedicht lebt.

40 Goethe zu Eckermann, 5. 7. 1827 (*Gedenkausg.*, Bd. 24, S. 257).

Im *Bräutigam* trägt das vorbürgerliche Gegenbild ländlich-bukolische Farben, weil diese das bürgerliche Sujet des Gedichts verklären, den Differenzpunkt im Undeutlichen lassen. Jedoch einen reineren, nicht mehr vermittelbaren Gegensatz zur bürgerlichen Einrichtung von Arbeit und Liebe verkörpert erneut die heroische Existenz, diesmal in der neuzeitlichen Ausgabe des Liebeshelden. Justus Mösers *Schreiben einer alten Ehefrau an eine junge Empfindsame* unterscheidet den Liebhaber vom Ehemann, der »jetzt mehr Vergnügen in Geschäften als an Ihrer grünen Seite findet«, anhand der heroischen Metaphorik: »Eine Liebe, die erobern will, und eine, die erobert hat, sind zwei ganz unterschiedene Leidenschaften. Jene spannt alle Kräfte des Helden; sie läßt ihn fürchten, hoffen und wünschen; sie führt ihn endlich von Triumph zu Triumph, und jeder Fußbreit, den sie ihm gewinnen läßt, wird ein Königreich. Damit unterhält und ernährt sie die ganze Tätigkeit des Mannes, der sich ihr überläßt; aber das kann diese nicht. Der glücklich gewordene Ehemann kann sich nicht wie der Liebhaber zeigen; [...] er hat nicht mehr die süße Mühe mit seinen Triumphen, die er vorhin hatte, und was er einmal gewonnen hat, wird für ihn keine neue Eroberung.«[41]

So bürgerlich das Verhalten des Ehemannes, so unbürgerlich das des Liebhabers: wie ein »Held« macht er »Eroberungen«, feiert »Triumphe«, gewinnt »ein Königreich«. Aus Gründen, welche das vorhergehende Kapitel analysiert hat, ist dem nach-antiken Helden die öffentlich-politische Dimension versperrt, so daß die ursprünglichen heroischen Taten nur mehr metaphorisch eine in Wahrheit subjektive und private Beschäftigung – wie es die Liebe ist – begleiten. Dieser Unterschied von heroischem Anspruch und lediglich erotischem Interesse zeitigt die zweideutige Figur des ›Kavaliers‹, dessen ritterlich-kriegerische Seite letztlich nur

---

41 Justus Möser, *Patriotische Phantasien IV*, in: J. M., *Sämtliche Werke*, hg. von der Akad. d. Wiss. zu Göttingen, Bd. 7, Oldenburg/Hamburg o. J., S. 48.

dazu dient, ihm die Gunst der Damen einzutragen. Innerhalb des so eingeschränkten, eines epischen Helden kaum würdigen Kreises entfaltet der Kavalier etwas von epischer Totalität, das ihm auch Mösers Beschreibung zugesteht: die Liebe spanne »alle Kräfte des Helden«, nähre »die ganze Tätigkeit des Mannes«. Denn selbst die ›Taten‹, die der Ritter abenteuernd vollbringen muß, sollen nur der Geliebten seinen Wert beweisen, stehen also ganz im Dienst der Liebe, entfremden sich nicht zu Arbeit und Sorge für den Lebensunterhalt; und jeder der Schritte zum Gewinn der Frau ist ›Tat‹, weil einmalig, individuell und bedeutend – im Unterschied zu bürgerlicher Tätigkeit, die ihren Gewinn nur in täglich sich wiederholender Arbeit abwirft, einen Gewinn außerdem, der sich in Geld und Besitz umsetzt, nicht unmittelbar in menschlichen Lohn und dessen schönste Form, die Liebe. Das einzige soziale Substrat, das dem poetischen Leitbild des Kavaliers ungefähr entsprechen mag, findet sich, wenn man ihn beim Wort nimmt, im Adel, d. h. in einer Klasse, die vom Zwang zur Arbeit entbunden ist. Ungestört kann sie – wenigstens der (literarischen) Idee nach – den ganzen Tag ihrem Vergnügen nachgehen, der spielerischen (am heroischen Maßstab gemessen: freilich bedeutungslosen) Nachahmung der einstigen heroischen Taten. Daß der Aristokratie dazu der ganze Tag bereitsteht, ermöglicht am ehesten die Analogie zum Leben des Helden (wie auch eine andere Restform der epischen Totalität, die Idylle, ihrem Urbild vor allem in der poetischen Ungeteiltheit des Tages nachfolgt und deshalb dem *Bräutigam* bei der Rekonstruktion einer Einheit über dem unpoetischen, weil geteilten Tag des Bürgers behilflich sein konnte). In bürgerlichen Verhältnissen bewahrt höchstens die Jugend, die ökonomisch gesichert und selbst noch untätig im Elternhaus lebt, einen Schimmer heroischer Wirksamkeit und aristokratischen Müßiggangs, so daß sie sich selbst und noch mehr der Literatur als das geeignete Subjekt von Liebesgeschichten erscheint. Den doppelten Vorteil literarischer Jugendjahre macht sich auch der Bildungsroman zunutze: »In dieser Erziehung [des Bildungshelden] ist denn die Liebe, da wir das rein Menschliche, Ideale im Weibe symbolisch anschauen, ein wesentliches Moment und zugleich Surrogat für die verlorene Poesie der heroisch-epischen Weltanschauung.«[42] Als kurzlebige Illusion verabschiedet Mösers »alte Ehefrau« den Anachronismus solch heroischer Erinnerungen: in der Unterscheidung von poetischer Jugendliebe und prosaischer Ehe meint sie zugleich die historische Ablösung der aristokratischen durch die bürgerliche Lebensweise.

Überzeugend und dennoch enttäuschend klingt Mösers Auskunft. Den poetischen Zustand fertigt er mit Gründen ab, zum prosaischen, der übrigbleibt, ermuntert er ohne Gründe. Die Frage, wie der gepriesene Ehestand literarisches Thema und damit erstrebenswerte Lebensform werden könnte, findet hier keine Antwort. Doch verschärft Mösers Polemik die Gegensätze zum unausweichlichen Antagonismus – während bürgerliche Praxis und Theorie eher zur Versöhnung neigen. Und diesen nötigen Ausgleich zwischen der Poesie der Liebe und der Realität der Ehe leistet keine Einrichtung besser als der Brautstand. Er ist wirkliche Institution (wird also dem Realitätspostulat bürgerlicher Dichtung gerecht) und poetische Situation zugleich (wird also den Wunschbildern vorbürgerlicher Dichtung gerecht). Was den bürgerlichen Verhältnissen an Poesie möglich ist: das macht der Brautstand. Ganz in diesem Sinne hat Goethe aus eigener Erfahrung beschrieben, »wie es einem Bräutigam zu Mute sei«: »Ich darf wohl sagen, daß es für einen gesitteten Mann die angenehmste aller Erinnerungen sei. Es ist erfreulich sich jene Gefühle zu wiederholen, die sich schwer aussprechen und kaum erklären lassen. Der vorhergehende Zustand ist durchaus verändert; die schroffsten Gegensätze

---

42 Friedrich Theodor Vischer, *Aesthetik,* T. 3, Stuttgart 1857, S. 1308 (= § 880,1).

sind gehoben, der hartnäckigste Zwiespalt geschlichtet.«[43] Der Bräutigam lebt in der Poesie der jugendlichen Liebe, ohne sie als bloße Illusion bald der Erinnerung überlassen zu müssen (wie etwa Mösers »alte Ehefrau«); vielmehr verspricht ihm die Verlobung Realisierung und Dauer seiner romantischen Situation; ihr wird Substantialität des Lebens zuerkannt. Andrerseits lebt der Bräutigam noch nicht in der Prosa der Ehe; als Hoffnung und Abrede bleibt sie im Zustand eines poetischen Noch-nicht; was der Verheiratete als ›Grab der Liebe‹ erfährt, erscheint dem Verlobten als ›Scheuer der Liebe‹. Wahrlich: »die schroffsten Gegensätze sind gehoben, der hartnäckigste Zwiespalt geschlichtet«. Wie Möser deutlich erkannte, hat der Gegensatz von Liebe und Ehe seinen Grund im elementaren Gegensatz von Liebe und Arbeit. Auch hier gelingt dem Bräutigam die Vermittlung: ihm ist die Arbeit Mittel zur Liebe, die den Hausstand braucht; und ihm ist die Liebe Ansporn zur Arbeit, die lohnt. »Lohnend war's« – als materieller Erwerb und als immaterielles Gedenken, als Gewinn und als Streben. Nicht zufällig stellt Goethe in *Dichtung und Wahrheit,* wenn er die Veränderung der Geliebten zur Braut schildert, in der Metaphorik des Kapitalertrags unbewußt den Zusammenhang von Werbung und Erwerb, Dauer und Besitz her: »War die Geliebte mir bisher schön, anmutig, anziehend vorgekommen, so erschien sie mir nun als würdig und bedeutend. Sie war eine doppelte Person; ihre Anmut und Liebenswürdigkeit gehörten mein, das fühlt' ich wie sonst; aber der *Wert* ihres Charakters, die *Sicherheit* in sich selbst, ihre *Zuverlässigkeit* in allem, das blieb ihr eigen. Ich schaute es, ich durchblickte es und freute mich dessen als eines *Kapitals,* von dem ich zeitlebens die *Zinsen* mitzugenießen hätte.«[44]

43 *Gedenkausgabe,* Bd. 10, S. 767 (*Dichtung und Wahrheit,* 17. Buch).
44 Ebd., S. 767 f. (Hervorhebungen von mir). Ähnlich begreift Phileros, des Prometheus Sohn, die Liebe als eine andere Art von Arbeit: »Nicht Ruhe, nicht Rast/ Den Liebenden faßt.« (*Gedenkausg.,* Bd. 6, S. 408). Ein weiteres

Daß das Leben, »wie es auch sei«, gut sei, kann nur in der Brautzeit glaubhaft erscheinen, welche die getrennten Bereiche menschlicher Praxis im Schleier der Idealität verhüllt und vereint – ein schwebender Zustand, der über sich hinaus und doch nicht ins Romantisch-Unbestimmte, sondern ins Praktikabel-Realisierbare weist. Aber »kein wirklicher Zustand entspricht dem, was auf dies Verlöbnis folgen müßte«[45]; die Ehe, scheinbar das Ziel des Vorgriffs, würde die Härte der Ökonomie, die Unvereinbarkeit von Arbeit und Liebe, bürgerlicher Existenz und poetischem Entwurf enthüllen (denn wo das soziale Ganze die Kräfte der Spontaneität und Autonomie eher unterdrückt als entfaltet, kann die Liebesfähigkeit nicht unbeschädigt bleiben). Die tägliche Trennung, ja praktische Getrenntheit von Mann und Frau, welche Eheleute in den bürgerlichen Arbeitsverhältnissen begründet wissen, dünkt den Brautleuten – hierin dem ritterlichen Liebespaar verwandt – noch sittliches Gebot, innere Prüfung und Grund liebender Sehnsucht. Daß die bürgerliche Maxime »Vom Nützlichen durchs Wahre zum Schönen«, die der Brautzeit wie dem *Bräutigam* als Devise dienen könnte, durch die Erfahrungen der bürgerlichen Ehe umgekehrt wird, hat Goethe – allerdings im prosaischen Zusammenhang der *Wanderjahre* – selbst bemerkt: »Die Schöne findet Verehrer auch Freier, und endlich wohl gar einen Mann, dann gelangt sie zum Wahren, das nicht immer höchst erfreulich sein mag, und wenn sie klug ist, widmet sie sich dem Nützlichen, sorgt für

---

Beispiel für die Kapitalmetaphorik der Liebe bietet das Gedicht *Noch ein Paar* aus dem *West-östlichen Divan*:
Ja, Lieben ist ein groß Verdienst!
Wer findet schöneren Gewinst? –
Du wirst nicht mächtig, wirst nicht reich,
Jedoch den größten Helden gleich.
(*Gedenkausg.*, Bd. 3, S. 308). – Der Übergang vom Bild des Kaufmanns zum Ideal des Helden stützt unseren Versuch, in der bürgerlichen Liebe Spuren heroischer Entwürfe zu finden.
45 Kommerell, *Gedanken über Gedichte*, S. 136.

Haus und Kinder und verharrt dabei.«[46] (Aus dieser Folge und diesem Widerspruch von Brautzeit und Ehe ziehen auch Jean Pauls Romane ihre Poesie und ihre Prosa.)
Goethe erkennt den Widerspruch in der Brautzeit selbst, da sich in ihr bereits die materiellen Interessen vordrängen, welche den künftigen Hausstand konsolidieren sollen, bei einer – im Verhältnis zu Lili Schönemann erfahrenen – »Unzulänglichkeit der Mittel« aber das Ziel der Verlobung in Frage stellen: »sobald etwas Ideelles, wie man ein solches Verlöbnis wirklich nennen kann, in die Wirklichkeit eintritt, so entsteht, wenn man völlig abgeschlossen zu haben glaubt, eine Krise.«[47] Ist die Verlobung gescheitert, verliert die aufgewendete Arbeit ihren Sinn: »Hatt' ich in den frühern Zeiten, da ich noch hoffte Lili mir zuzueignen, meine ganze Tätigkeit auf Einsicht und Ausübung bürgerlicher Geschäfte gewendet, so traf es gerade jetzt, daß ich die fürchterliche Lücke, die mich von ihr trennte, durch Geistreiches und Seelenvolles auszufüllen hatte.«[48] Die Arbeit nährte sich von Liebeshoffnung; enttäuschte Liebe zeitigt das Gedicht. Goethes individuelles Mißgeschick komprimiert die generelle bürgerliche Erfahrung, denn die Ehe verhängt über die Brautzeit nur ein anderes, kein tröstlicheres Ende. Aus der Resignation der im Verlöbnis entworfenen, im Entwurf den bürgerlichen Verhältnissen sogar angepaßten und trotz der Anpassung schließlich gescheiterten Liebe entsteht erst die Poesie des Brautstandes, eine zweite Idealität, welche die erste zu rekonstruieren versucht. Tritt durchs Verlöbnis »etwas Ideelles [...] in die Wirklichkeit« ein, in der es nicht zu bestehen vermag, so führt im Gegenzug das Gedicht – das doch diesen Eintritt des Ideellen in die Wirklichkeit zum Thema hat – die Wirklichkeit wieder in »etwas Ideelles«

---

46 *Wilhelm Meisters Wanderjahre*, Buch 1, Kap. 6 (*Gedenkausg.*, Bd. 8, S. 74; die Maxime auf S. 73).
47 *Gedenkausg.*, Bd. 10, S. 768.
48 Ebd., S. 834 (*Dichtung und Wahrheit*, 19. Buch).

hinüber. Aus der Erinnerung ans Mißglückte schreibt der alte Goethe den *Bräutigam* als Gedicht einer ›Hoffnung im Vergangenen‹, einer Hoffnung, die von der Wirklichkeit nicht eingelöst werden konnte, aber als Postulat gegen die Wirklichkeit im Gedicht selbst eine andere Wirklichkeit wird. »Verhießen wird eine zweite Unmittelbarkeit: das Menschliche, die Sprache selber scheint, als wäre sie noch einmal die Schöpfung, während alles Auswendige im Echo der Seele verklingt.«[49] Nirgendwo anders als in der Dichtung, dem Bereich, in dem Subjektivität Gestalt annehmen darf, findet die ungelöste Problematik der gesellschaftlichen Realität zwar nicht ihre Lösung, aber ihr hoffendes Gegenbild, als wäre es »noch einmal die Schöpfung«. Zwischen ideologischer Verblendung und kritischem Bedenken hält das Gedicht eine prekäre Mitte, deren Wahrheit durch die Vereinigung der enttäuschten Erfahrung und der ernsten Hoffnung im konkreten Individuum verbürgt ist.

Die Nähe von Enttäuschung und Hoffnung hat ihr Bild in den beiden Mitternächten gefunden, die das Gedicht rahmen: beide sind Orte der Reflexion und gehen, selber der Zeit entrückt, den Tageszeiten voraus und nach. Der vollständige Umlauf der Sonne (»Um Mitternacht [...] Der Tag erschien [...] die Glut/ Der heißen Stunde [...] Am kühlen Abend [...] Die Sonne sank [...] Um Mitternacht«) hat den Tag im doppelten Sinne vollendet: zu seinem Ende gebracht und zu einem Ganzen gerundet. Die traditionelle Vorstellung, daß das Ganze das Wahre und Gute sei, gilt noch für die bürgerlich bestimmte Positivität des Lebens, die Idealität des Wirklichen.[50] Um aber dies Ganze, in dem sich die Widersprüche des Details auflösen sollen, zur Anschauung zu bringen, muß das nachdenkende

---

49 Theodor W. Adorno, *Rede über Lyrik und Gesellschaft*, in: T. W. A., *Noten zur Literatur I*, Frankfurt 1958, S. 81. Adorno spricht an dieser Stelle über *Wanderers Nachtlied*.

50 Die Assoziationen zur Hegelschen Philosophie, die sich einstellen mögen, wären ernsthaft zu verfolgen.

Ich aus dem Verlauf des Tages heraustreten. Diesen Schritt zu tun, erfordert gleichsam einen Abschied vom Leben, von der Folge konkreter Augenblicke. Erst wenn der Tag vergangen ist, kann sein Gehalt zur Idee werden. So setzt die Reflexion, die dem Leben das Prädikat »gut« zuspricht, Verlust, Verzicht, Verneinung voraus. Vollendung ist erst nach dem Ende möglich. Darin ist die Ruhe der Kontemplation der des Todes verwandt: um sich dort, an der »Schwelle« zwischen Tag und Nacht »auszuruhn«, sind Bett und Grab ähnlich »bereitet«. In den beiden Mitternächten – in der Verzweiflung der ersten wie in der Versöhnung der zweiten – ist also der Schatten des Todes gegenwärtig. Ihn mögen jene Interpreten, die aus dem Bräutigam einen Witwer gemacht haben, gespürt und gleichzeitig mißverstanden haben. Kein wirkliches Sterben, sondern die Negation, die nötig ist, um angesichts der erlebten Antagonismen das Positive zu behaupten, führt das Gedicht in die Dimension des Todes. Eine grundlegende Disproportion der bürgerlichen Lebensform: der Gegensatz zwischen der praktischen Disharmonie privat konkurrierender Ansprüche und der theoretisch postulierten Harmonie gesellschaftlicher Synthese (die, da sie sich hinter dem Rücken der Individuen herstellt, nicht evident werden kann) – diese Disproportion findet, sobald die Liebe nicht mehr zureicht, die einzig mögliche Form des Ausgleichs im Tod. Hier entspringt, was die Bürger ›tragisch‹ nennen.

Darin unterscheidet sich der *Bräutigam* von aller Konsumliteratur des Bürgertums, daß er den fast immer verschwiegenen, unpoetischen Arbeitstag, von dem bürgerliche Poesie Erholung verhieß, indem sie ihn aussparte und bloß von der Liebe sprach – daß er diesen Arbeitstag als prosaische Negation des Poetischen ins Gedicht selbst hereinnimmt. Die eskapistische Relation zwischen bürgerlicher Arbeit am Tage und bürgerlicher Lektüre am Abend, zwischen verdrängter, weil unglücklicher Realität und illusionären Liebesphantasien hat Goethe auf ihren konkreten Antagonismus zurückgeführt, in die Wirklichkeit und den aus ihr entwachsenden Wunsch zerlegt. Der Optativ des vorletzten Verses, »*O sei* auch mir dort auszuruhn bereitet«, hält zugleich die reale Verweigerung des Glücks wie den unabdingbaren Anspruch auf Glück fest (und färbt noch den Konjunktiv der letzten Zeile, »wie es auch *sei*«, optativisch). Aus der trivialen Illusion der bürgerlichen Liebesidee befreit Goethe ihr kritisches Element, indem er den unbewußten Gegensatz zur bürgerlichen Ökonomie bewußtmacht, und ihr utopisches, indem er nur ein in der Liebe getanes Leben »gut« nennen mag. Der *Bräutigam* bildet bürgerliche Verhältnisse ab, verklärt sie jedoch in der Abbildung so weit, daß aus ihr das Gegenbild zu jenen Verhältnissen hervorgeht, das seinerseits als ein Moment der kritischen Selbstbewegung des bürgerlichen Bewußtseins zu den bürgerlichen Verhältnissen gehört, die ja nichts anderes als der Prozeß ihrer Widersprüche sind.[51]

Es belegt den historischen Gehalt von Goethes *Bräutigam*, wenn noch Marx den Kontrast zwischen dem realen Bild einer lieblosen, sinnleeren Arbeit und dem idealen Gegenbild einer in Liebe getanen Arbeit zum Ausgangspunkt einer Kritik der kapitalistischen Ökonomie nimmt: »Gesetzt, wir hätten als Menschen produziert: Jeder von uns hätte in seiner Produktion sich selbst und den andren doppelt bejaht. Ich hätte 1) in meiner Produktion meine Individualität, ihre Eigentümlichkeit vergegenständlicht und

---

51 Vgl. damit Habermas' Analyse der bürgerlichen »Ideen der Freiheit, der Liebe und der Bildung«: »Als ein in die Gestalt der wirklichen Institution mit aufgenommener objektiver Sinn, ohne dessen subjektive Geltung die Gesellschaft sich nicht hätte reproduzieren können, sind diese Ideen auch Realität. Mit dem spezifischen Begriff der Humanität verbreitet sich im Bürgertum eine Auffassung vom Bestehenden, das ganz vom Zwang des Bestehenden Erlösung verspricht, ohne in ein Jenseits auszubrechen. Das Transzendieren der festgehaltenen Immanenz ist das Moment Wahrheit, das bürgerliche Ideologie über Ideologie selbst hinaushebt« (*Strukturwandel der Öffentlichkeit*, S. 60).

daher sowohl während der Tätigkeit eine individuelle Lebensäußerung genossen, als im Anschauen des Gegenstandes die individuelle Freude, meine Persönlichkeit als gegenständliche, sinnlich anschaubare und darum über allen Zweifel erhabene Macht zu wissen. 2) In deinem Genuß oder Deinem Gebrauch meines Produkts hätte ich unmittelbar den Genuß, sowohl des Bewußtseins, in meiner Arbeit ein menschliches Bedürfnis befriedigt, als das menschliche Wesen vergegenständlicht und daher dem Bedürfnis eines andren menschlichen Wesens seinen entsprechenden Gegenstand verschafft zu haben, 3) für dich der Mittler zwischen dir und der Gattung gewesen zu sein, also von dir selbst als eine Ergänzung deines eignen Wesens und als ein notwendiger Teil deiner selbst gewußt und empfunden zu werden, also sowohl in deinem Denken wie in deiner Liebe mich bestätigt zu wissen, 4) in meiner individuellen Lebensäußerung unmittelbar Deine Lebensäußerung geschaffen zu haben, also in meiner individuellen Tätigkeit unmittelbar mein wahres Wesen, mein menschliches, mein Gemeinwesen bestätigt und verwirklicht zu haben. [...] Meine Arbeit wäre freie Lebensäußerung, daher Genuß des Lebens. Unter der Voraussetzung des Privateigentums ist sie Lebensäußerung, denn ich arbeite, um zu leben, um mir ein Mittel des Lebens zu verschaffen. Meine Arbeit ist nicht Leben. Zweitens: In der Arbeit wäre daher die Eigentümlichkeit meiner Individualität, weil mein individuelles Leben bejaht. Die Arbeit wäre also wahres, tätiges Eigentum. Unter der Voraussetzung des Privateigentums ist meine Individualität bis zu dem Punkte entäußert, daß diese Tätigkeit mir verhaßt, eine Qual und vielmehr nur der Schein einer Tätigkeit, darum auch eine nur erzwungene Tätigkeit und nur durch eine äußerliche zufällige Not, nicht durch eine innere notwendige Not mir auferlegt ist.«[52]

[52] Karl Marx, *Aus den Exzerptheften*, Studienausgabe, Bd. 2, Frankfurt 1971, S. 261 f.

III. Tragödie und Komödie. Ehre und Geld. Lessings »Minna von Barnhelm«

Auf dem Höhepunkt ihres bislang vergeblichen Versuchs, Tellheim zur Vernunft zu bringen, hält Minna ihm den Spiegel einer historisch-dramatischen Figur vor. Ans unvernünftige, tragische Ende Othellos gemahnt, soll Tellheim eher dem vernünftigen, glücklichen Ausgang zustimmen: »Aber Tellheim, Tellheim, Sie haben doch noch viel Ähnliches mit ihm [dem »Mohr von Venedig«]! O, über die wilden, unbiegsamen Männer, die nur immer ihr stieres Auge auf das Gespenst der Ehre heften! für alles andere Gefühl sich verhärten! Hierher Ihr Auge! auf mich, Tellheim! (Der indes vertieft, und unbeweglich, mit starren Augen immer auf eine Stelle gesehen.) Woran denken Sie? Sie hören mich nicht?«[1] Den besseren Ausgang verstellt vorerst eine Nebenbuhlerin, der Tellheim leidenschaftlich, »mit starren Augen«, verfallen ist: die Ehre. Ihren Bann hofft Minna zu brechen, indem sie ihr das Wesen abspricht (was einzig ihr, Minna, dem wirklichen Menschen, zukomme: »Hierher Ihr Auge! auf mich«), sie als »Gespenst« mythisiert und zugleich entzaubert. Denn der Ausdruck »Gespenst« begreift hier ein doppeltes Moment. Zum einen führt er die Vorstellung von der Ehre auf das Subjekt zurück, bestimmt sie – mit den Worten Mandevilles – aufklärerisch als »Hirngespinst ohne Wahrheit und Wesen«[2]; zum anderen meint er bildlich das Umgehen, das ›unberechtigte‹ Andauern einer längst begrabenen Vergangenheit. Wiederum in menschliche Verhältnisse aufge-

---

[1] *Minna von Barnhelm*, IV 6. Lessings Dramen zitiere ich nach der Ausgabe: Lessings *Werke*, hg. von Kurt Wölfel, Bd. 1, Frankfurt 1967; hier: S. 355.
[2] So schätzt Mandeville (*Die Bienenfabel*, hg. von Walter Euchner, Frankfurt 1968, S. 235) die »Ehre« ein.

löst, bedeutet dies: das »Gespenst« ist von dem Blick hervorgebracht, dem die Phänomene einer Vergangenheit zwar noch erscheinen, aber nicht mehr aus ihrem konkreten Zusammenhang verständlich sind. Solche gespensterschaffende Phantasie sah Herder eben in der aufgeklärt-bürgerlichen Einschätzung der mittelalterlich-feudalen, der »Nordischen Ritterehre« am Werk: »Tapferkeit und Möncherei, Abentheuer und Galanterie, Tyrannei und Edelmuth; [der Geist des Jahrhunderts] bands zu dem Ganzen, das uns jetzt – zwischen Römern und uns – als Gespenst, als romantisches Abentheuer dasteht; einst wars Natur, war – Wahrheit.«[3]

Beide Aspekte des Gespenstes »Ehre« sieht Minna in Tellheims Unnachgiebigkeit verschränkt: sein Hirngespinst ist ein falsches Bewußtsein, da es in einem vergangenen Bewußtsein wurzelt. Als verabschiedeter Offizier, als Adeliger ohne Besitz schließt Tellheims gegenwärtige Existenz ein historisches Moment ein: sein Bewußtsein gehört einem Stand zu, dessen materielle Grundlagen (die Herder emphatisch »Natur«, »Wahrheit« genannt hatte) seiner Person und wohl – so wird man aus dem Beispiel schließen müssen – seinem Stand überhaupt abhanden gekommen sind. In diesem Zwielicht sozialer Depossedierung bleibt den Betroffenen nur noch der Umgang mit Gespenstern.

Allerdings kam selbst in den Zeiten, da die Ehre noch uneingeschränkt galt, ihre Gestalt der eines Gespenstes bedenklich nahe: sie trat als Allegorie auf. So personifiziert, erscheint sie oft im Titel spanischer Dramen, so wird sie von den Figuren, die unter ihrem Regiment leben und sterben, eingeschätzt, z. B. von Don Gutierre in Calderóns *Arzt seiner Ehre*:

[...] Mir, dem Arzte
Meiner Ehre, kommt es zu,

---

3 Johann Gottfried Herder, *Auch eine Philosophie der Geschichte zur Bildung der Menschheit,* in: H., *Sämmtl. Werke,* Bd. 5, S. 523.

Mittels eines Aderlasses
Jetzt das Leben ihr zu retten.[4]

Noch Tellheims Verhältnis zur Ehre drückt sich in einer allegorisierenden Redeweise aus: er will tun, was ihm »die Ehre befiehlt« (351), will seine »gekränkte« Ehre (322, 354) wiederherstellen. Freilich glaubt er, daß in der Allegorie nur die Idee, die Notwendigkeit, das Prinzip erscheine – während sich Minna allein an die Erscheinung hält. Der Ausdruck »Gespenst« faßt genau den Unglauben des Bürgers, die Kritik des Aufklärers an der Allegorie. Aus dieser Perspektive beschreibt Hegel den »Mann von Ehre«: »Er schafft sich ebenso willkürliche Zwecke, stellt sich in einem gewissen Charakter vor und macht sich dadurch bei sich und anderen zu dem verbindlich, wozu an sich keine Verbindlichkeit und Notwendigkeit statthat. Dann legt nicht die Sache, sondern die subjektive Vorstellung Schwierigkeiten und Verwicklungen in den Weg, da es zur Ehrensache wird, den einmal angenommenen Charakter zu behaupten.«[5] Bürgerlich ist Hegels Interpretation zunächst darin, daß sie dem »Mann von Ehre«, der unter den abstrakten, allgemein verbindlichen Gesetzen der Ehre gerade auf jede Individualität verzichten muß, »einen gewissen Charakter« nach Art humoristischer Subjektivität zuschreibt; bürgerlich ist sie vor allem darin, daß sie die vorgeschriebenen, standesgebundenen Inhalte der Ehre an den bürgerlichen Maßstab von Nutzen und Rationalität hält und deshalb als »willkürliche Zwecke« beurteilen muß, die nur »Schwierigkeiten und Verwicklungen« bereiten. Mit Minnas Argumentation teilt diese Deutung die Einsicht, daß das Prinzip Ehre verhängnisvoll sei durch die Verbindung von zufälligen äußeren Regeln und strikter innerer Verpflichtung; und sie

[4] Pedro Calderón de la Barca, *Dramen*, München 1963, S. 466 (*Der Arzt seiner Ehre* ist wie die anderen weltlichen Schauspiele dieser Ausgabe von Johann Diederich Gries übersetzt).
[5] Hegel, *Ästhetik*, Bd. 1, S. 536.

teilt mit ihr die Absicht, jene Verbindung aufzulösen, um die individuelle Pflicht auf innere Gesetze – Tugend und Liebe – und äußere Möglichkeiten – Wohlstand und Glück – zu gründen. Hegels ›modernisiertes‹ Verständnis des Ehrbegriffs fußt auf dem Gedanken, daß der Mann von Ehre bereits die Selbständigkeit des modernen (d. h. bürgerlichen) Individuums kenne, sie jedoch zum normativen Begriff hypostasiere, der ihm nun in der Ehre entfremdet als seine eigene Verdoppelung gegenübertrete: »In der Ehre aber haben wir nicht nur das Festhalten an sich selber und das Handeln aus sich, sondern die Selbständigkeit ist hier verbunden mit der *Vorstellung von sich selbst;* und diese Vorstellung gerade macht den eigentlichen Inhalt der Ehre aus, so daß sie in dem Äußerlichen und Vorhandenen das Ihrige und sich darin ihrer ganzen Subjektivität nach vorstellt. Die Ehre ist somit die in sich *reflektierte* Selbständigkeit, welche nur diese Reflexion zu ihrem Wesen hat und es schlechthin zufällig läßt, ob ihr Inhalt das in sich selbst Sittliche und Notwendige oder das Zufällige und Bedeutungslose ist.«[6]

Gerade die täuschende, immerhin aus geschichtlicher Vorgängerschaft entstandene Ähnlichkeit des Ehrprinzips mit dem bürgerlichen Prinzip des Subjekts[7] macht die Abgrenzung desto nötiger, wie sie Hegel als philosophische Kritik, Lessing als komische Invektive vorträgt. Das Unterscheidungskriterium ist beiden, daß sich der »Mann von Ehre« kindisch an den Zufall des Äußerlichen, nicht an die Substanz der wichtigen Dinge hält, nicht ans »Sittliche und Notwendige« (wie Hegel sagt), nicht an die Liebe und ans Geld (wie Lessing die Abstraktionen wieder sinnfällig macht). Gegen die gespenstische Verdoppelung des Indivi-

---

6 Ebd., S. 539.
7 Hier zeichnet sich wiederum die Bestimmung des Ritters und Hofmannes als des ›geheimen Bürgers‹ ab, die das erste Kapitel am höfischen Roman exemplifiziert hatte.

duums in ein reales Subjekt und eines, das sich durch die Meinung der anderen konstituiert glaubt, setzt die bürgerliche Kritik der Ehre das mit sich identische Ich. Programmatisch führt ein Gedicht Lessings allein dieses ungespaltene »Ich« im Titel, das die Zumutungen der Ehre von sich weist:

Die Ehre hat mich nie gesucht;
Sie hätte mich auch nie gefunden.
[...]
Was braucht sie [= die Nachwelt] wen sie tritt zu wissen?
Weiß ich nur wer ich bin.[8]

Einheitlich scheint der Begriff des Ich, zweischichtig ist sein Grund: philosophisch und ökonomisch – was wiederum an den Polemiken gegen die Ehre sichtbar wird. Die erste Begründung geht – in der Sprache des Idealismus gesagt – aus dem sittlichen Entwurf des Menschen hervor: was Hegel das »Sittliche und Notwendige« genannt hatte, umschreibt die klassische Formulierung des moralischen Individuums, nämlich Kants kategorischen Imperativ. (In seinem Fehlen kann Paul Ernst die Besonderheit des spanischen Dramas der Ehre fassen: »Calderón konnte den kategorischen Imperativ entbehren, denn für ihn hatten die einzelnen konventionellen Sittengesetze jenen Fetischcharakter; sie waren ganz äußerlich und wirkten äußerlich selbsttätig; uns erscheinen sie daher fast sämtlich als bloße Ehrengesetze«[9].) An ihm gemessen, enthüllt die Ehre ihre Unzulänglichkeit für bürgerliche Normen. Daß sie »nicht die Stimme unsers Gewissen, nicht das Zeugnis weniger Rechtschaffnen« ist (356), weder auf Moral noch auf Kredit sich gründet, muß Tellheim, bereits mit den hier verwendeten Begriffen auf die

---

[8] Lessings *Werke*, hg. von Julius Petersen und Waldemar von Olshausen, Berlin u. a. 1925-1935, T. 1, S. 96.
[9] Paul Ernst, *Die Möglichkeit der klassischen Tragödie*, in: P. E., *Der Weg zur Form*, 3. Aufl., München 1928, S. 125.

Seite seiner Gegenspielerin übergetreten, selbst zugeben. Tautologisch und leer erscheint demnach ihr Wesen: »Die Ehre ist – die Ehre« (ebd.). – In der Kritik dessen, »was einer vorstellt«, bezieht Schopenhauer bereits eine realistischere Postition als Kant und Hegel. Wenn er der Überschätzung von Ehre, Glanz, Ruhm die »simple Einsicht« entgegenhält, »daß jeder zunächst und wirklich in seiner eigenen Haut lebt, nicht aber in der Meinung anderer«[10], so meint er mit der »eigenen Haut« nur noch formal das sittliche Ich Kants oder Hegels, inhaltlich jedoch sein materielles Substrat – »Gesundheit, Temperament, Fähigkeiten, Einkommen« usw. Indem Schopenhauer die Identität des Individuums auf die Sicherheit seines Besitzes und den Erfolg seiner wirtschaftlichen Tätigkeit zurückführt, verdächtigt er implizit jene Philosophie, die den gleichen Sachverhalt in ethisch-philosophischen Abstraktionen formuliert hatte, der Ideologie. Hinter der moralischen Kritik der Ehre steht die Gewißheit des bürgerlichen Subjekts, daß es sich aller Phantasmen ständischer Beschränkung entschlagen und auf seine ökonomische Potenz verlassen kann – eine Gewißheit, die auch Mutter Courage den Verlust der Ehre (nach dem Sieg der katholischen Partei) im rechten Ausmaß erkennen läßt: »Die Ehr ist verloren, aber nix sonst.«[11] Die Einsicht, daß man sich um die Ehre nicht grämen muß, bleibt nur der Besitz gesichert, ist die reziproke Form jenes Zusammenhangs, den Aridäus, der ›bürgerliche‹ König in Lessings *Philotas*, zwischen »Lorbeer« und »Elend« (287), also zwischen Zuwachs an Ehre und materiellem Verlust, geknüpft sieht. – Ihren historischen Grund haben beide Argumente: ökonomische und moralische Autonomie des Subjekts, in der

---

10 Arthur Schopenhauer, *Aphorismen zur Lebensweisheit*, in: A. S., *Sämtliche Werke*, hg. von Wolfgang von Löhneysen, Bd. 4, Stuttgart/Frankfurt 1963, S. 423.
11 Bertolt Brecht, *Mutter Courage und ihre Kinder*, in: B. B., *Gesammelte Werke*. Werkausgabe edition suhrkamp, Frankfurt 1967, Bd. 4, S. 1379.

gemeinsamen Herkunft aus der privaten Sphäre des Bürgers, dem gerade die Vermischung, ja Identifizierung des Privaten mit dem Öffentlichen das Unverständlichste am Prinzip der Ehre bleiben mußte. – Ob allerdings die Autonomie des Privaten unproblematisch bleiben kann, sobald das bürgerliche Bewußtsein ihrer ökonomischen Implikationen innewird, ist fraglich; und damit auch, ob nicht die jetzt so stringent formulierte Kritik der Ehre zögern und teilweise zurückstecken muß. Doch davon später.

Den Gegensatz zwischen einer fixen Idee (zu der die Ehre in den Augen des Bürgers herabgekommen ist) und den Normen eines sinnvollen Lebens darzustellen, eignet sich keine andere Form so gut wie die Komödie. Sie versieht den Spleen mit dem Anstrich des Lasters, straft ihn mittels der Realitäten, über die er stolpert, und entläßt den von ihm Geheilten in eine Gesellschaft, welche die prinzipielle Anerkennung ihrer Wirklichkeit mit individuellem Glück belohnt. Tellheims Lösung vom point d'honneur ist nicht allein der Inhalt, vielmehr der komische Prozeß der *Minna von Barnhelm* selbst; das dramatische Geschehen zieht sein außerdramatisches Recht aus dem historischen Geschehen, das sich von der aristokratischen zur bürgerlichen Epoche bewegt. Sie hat die vis comica auf ihrer Seite, nämlich das Konkrete und Individuelle, woran sie das Abstrakte und Formelhafte des Ehrbegriffs auflaufen läßt. Wenn Tellheim sein Tun einzig einer Allegorie zu verantworten gibt – »Nichts, als was mir die Ehre befiehlt« –, erinnert ihn Minna an die Bestimmtheit und Besonderheit des Falls: »Das ist, ein ehrliches Mädchen, die Sie liebt, nicht sitzen zu lassen« (351). Aus der abstrakten Idee schreibt sich Tellheims ›tragische‹ Haltung her, deren Übertriebenheit an der konkreten Individualität Minnas gemessen und damit der Herrschaft des Komischen unterworfen wird – zugleich dem Richtspruch der Vernunft. Die gattungsimmanente Zuordnung von Komik und Vernunft erhält in Minna Bewußtsein und

Stimme: »Lieber Major, das Lachen erhält uns vernünftiger, als der Verdruß. Der Beweis liegt vor uns. Ihre lachende Freundin beurteilt Ihre Umstände weit richtiger, als Sie selbst. Weil Sie verabschiedet sind, nennen Sie sich an Ihrer Ehre gekränkt; [...] Ist das keine Übertreibung? Und ist es meine Einrichtung, daß alle Übertreibungen des Lächerlichen so fähig sind?« (353) Daß Minnas Plädoyer für die Vernunft ihren Ausgang nicht von der Person, sondern von den »Umständen« nimmt, ist bürgerlich und komisch in einem gedacht: denn sie beschreibt damit jene Gegenständlichkeit, die gleichzeitig der Aktionsraum der bürgerlichen Geschäfte und der komischen Verwicklungen ist. Überdies trifft sie den schwachen Punkt in Tellheims Stilisierung der Ehre: kein konventioneller point d'honneur im Ehrenkodex des Adeligen, vielmehr die materiellen Bedingungen seiner Existenz haben ihn in unglückliche »Umstände« gebracht. Auf diesen bürgerlichen Grund einer aristokratisch formulierten Misere beruft sich Minnas Verteidigung der lachenden Vernunft: »bei dem oder jenem Bankier werden einige Kapitale jetzt mit schwinden; Sie werden diesen und jenen Vorschuß, den Sie im Dienste getan, keine Hoffnung haben, wiederzuerhalten: aber sind Sie darum ein Bettler?« (353) In Minnas Augen, die mit Absicht an Tellheims persönlicher Problematik vorbeisieht, läßt sich also seine »Übertreibung« dahingehend bestimmen, daß er den üblichen Gang des bürgerlichen Geschäftslebens, das Auf und Ab von Gewinn und Verlust (eine komische Bewegung per se), nach aristokratischen Vorstellungen interpretiert, als einmaligen und endgültigen Verlust seiner Ehre. Aber bereits die Art der »Umstände« zeigt an, daß Tellheims Verhalten in dieser Zeit anachronistisch geworden ist: wo es auch dem Adeligen um »Kapitale« und »Vorschuß« gehen muß, hat das Prinzip der Ehre seine materielle Basis verloren. Das Geld assoziiert sich lieber mit der Komödie (das ist ein altes Motiv), mit dem Bürger (das leuchtet ein) und mit der Vernunft (das wird sich zeigen).

Von dem in sich gefestigten und bewegten, in jedem Fall wirklichen Bereich der Umstände, die durch äußeres Mißgeschick unglücklich und durch vernünftiges Verhalten wieder glücklich werden können, hebt sich Tellheims Fixierung auf das inadäquateste Prinzip als »Übertreibung« ab. Zweideutig ist der literarische Charakter dieses eindeutigen Sachverhalts: die »Übertreibung«, die »für alles andere Gefühl« verschlossene Einseitigkeit, läßt sich komisch interpretieren als Spleen, aber auch tragisch als Hybris. Die tragische Alternative von Tellheims Ehrenstandpunkt bleibt in Lessings Komödie stets bewußt; als Tellheim, »der an seiner Ehre gekränkte« Tellheim, seine Lage zu explizieren versucht, resümiert Minna: »Das klingt sehr tragisch« (323), und die Parallele zu Othello (355) ist kein Zufall. In der Nähe von Spleen und Hybris haben Komödie und Tragödie ihren Indifferenzpunkt. Besonders an der Ehre kann die bürgerliche Kritik solche Ambivalenz demonstrieren: den »Kodex der Ehre« nennt Schopenhauer »barbarisch und lächerlich«, ihre Wiederherstellung »die ernsthafteste Posse von der Welt«.[12] Subjektive Tragik (barbarisch-ernsthaft) und objektive Komik (lächerlich-possenhaft) sind für die bürgerliche Anschauung im Ehrbegriff verschränkt, so daß es, um diese gefährliche Mischung aufzulösen, ebenfalls einer gemischten Reaktion bedarf, der ernsten Komödie. Minna kann »lachend sehr ernsthaft« (353) sein, da sie mit

[12] Schopenhauer, *Aphorismen zur Lebensweisheit*, S. 448 u. 455. Vgl. Alexis de Tocqueville, *Über die Demokratie in Amerika*, hg. von J. P. Mayer, Frankfurt/Hamburg 1956, S. 170: »erstaunlich, daß die Ehrvorschriften im allgemeinen so seltsam sind, daß man ihnen um so besser zu gehorchen scheint, je mehr sie sich von der Vernunft entfernen; daher konnte man manchmal den Schluß wagen, die Ehre sei gerade wegen ihrer Übertreibungen mächtig.« Die gleiche Ambivalenz von Tragik und Posse erkennt Lessing bei der Überlegung, in welche Gattung die Ohrfeige – die Ehrverletzung par excellence! – gehöre: »Sie verbleibt also den beiden Extremis, der Tragödie und dem Possenspiele; die mehrere dergleichen Dinge gemein haben, über die wir entweder spotten oder zittern wollen.« (*Hamburgische Dramaturgie*, 56. Stück – *Werke*, hg. von Petersen u. Olshausen, T. 5, S. 242).

Hilfe der Komödie Tellheims Neigung zur Tragödie den Weg verstellen will. Die Komödie *Minna von Barnhelm* ist eine vermiedene Tragödie. An den Grenzen der Gattungen entspringt Aufklärung. Sie geht einher mit jener Bewußtheit, welche die literarischen Schemata zum Medium eines außerliterarischen Zwecks gebraucht. Minnas Spiel wiederholt diese Konstellation der Aufklärungsliteratur auf der Bühne selbst: da sie den Ernst von Tellheims Haltung kennt, inszeniert sie aus ernster Absicht eine Komödie. Daß sie vom »Streiche spielen« redet, Tellheim sie als »Komödiantin« (373 f.) apostrophiert, beweist den reflektierten Charakter des Spiels im Spiel: »Leicht ist« ihr die »Rolle auch nicht geworden« (374). Hinter der vordergründigen Komik konstituiert sich der ernste Hintergrund, der Minna und Tellheim gemeinsam ist, durch die erwogene und abgewiesene Möglichkeit einer tragischen Alternative.

Fundiert ist diese tragische Möglichkeit literarisch und historisch durch die Vorgeschichte eben des Ehrbegriffs. Denn kein anderes eigentümliches Prinzip ermöglicht die nachantike, die vorbürgerliche Tragödie eher als das der Ehre. Im 16. und 17. Jahrhundert, die unter der gesellschaftlichen – wohlgemerkt: nicht der politischen oder ökonomischen – Herrschaft der Aristokratie stehen, bietet deren leitende Idee, nämlich die Ehre, der ›Tragödie‹ der Spanier und Franzosen (Benjamins Unterscheidung folgend, nennen wir sie besser ›Trauerspiel‹) soziales Substrat und Formmodell in einem. Einer Zeit, der das antike Konstituens des tragischen Schicksals: die Auseinandersetzung mit dem Mythos, längst entschwunden ist, entsteht im Ehrprinzip eine neue ›Mythologie‹.[13] Ihre dramatischen Vorteile für diese Ersatzfunktion liegen auf der Hand. Da die aristokratische Ehre weniger vom Selbstbewußtsein des Einzelnen als vom Urteil der Anderen lebt, bildet sich zwischen den

13 Vgl. Harald Weinrich, *Mythologie der Ehre*, Merkur 23 (1969), S. 224-239.

Mitgliedern dieser durch gegenseitiges Urteil geschlossenen Gesellschaft ein dramatischer Konnex; der Besitz der Ehre stellt immer eine Relation, der Verlust und Wiedergewinn der Ehre eine Aktion zwischen mehreren Figuren dar. Ehrenhändel führen ihre dramatis personae mit sich. Schon ehe sich der point d'honneur zugespitzt hat, sind die Akteure – auf die Szene gebracht: auch die Zuschauer – durch die gemeinsame Furcht (φόβος) vor ihm verbunden, denn es »besteht die ritterliche Ehre in der Meinung von uns, daß wir *zu fürchten* seien, weil wir unsere eigenen Rechte unbedingt zu verteidigen gesonnen sind«.[14] Was aller bürgerlichen Dramatik Schwierigkeiten machen wird: den Habitus individuellen Denkens, Fühlens, Meinens (die Domäne des Romans!) in jene entschiedene Ausgesprochenheit überzuführen, welche die dramatische Form erheischt – das ist gerade für Leute von Stand und von Ehre kein Problem: nicht durch die *Meinung* eines anderen, sondern erst durch die bestimmte *Äußerung* dieser Meinung wird die Ehre verletzt (mag die Meinung falsch oder richtig sein, ja vielleicht gar nicht bestehen). Distinkt und abgemessen – überdies der festen und metrischen Versform geneigt – werden also die Worte und Handlungen sein. Im »Ehrenwort« schießen die Eindeutigkeit des Gesprochenen und die Bestimmtheit einer bevorstehenden Handlung zusammen. Auf seinem »schriftlich gegebenen Ehrenwort, nicht eher von hier zu gehen, als bis [...]« (356) basieren die Starrheit von Tellheims Verhalten und seine szenische Gegenwärtigkeit überhaupt (weil es ihn bis zum Eintreffen des königlichen Briefs zu bleiben zwingt, der dann wirklich das Stück beschließt). Jener Wortrealismus, der das Gesprochene für Substanz hält, ist ontologische Prämisse des Ehrenkodex und Grund der Möglichkeit, die Kontingenz des Lebens in tragische Notwendigkeit und dramatische Form überzufüh-

---

14 Schopenhauer, *Aphorismen zur Lebensweisheit*, S. 453.

ren – im Falle Tellheims freilich nur eine eingebildete Notwendigkeit, die ihm die Komödie, in der er auftreten muß, nicht glauben kann. Es ist mehr als Metaphorik, wenn man die Ereignisse, die ein Ehrenhandel zeitigt, ›dramatisch‹ nennt; das Trauerspiel ist sein adäquater Handlungsrahmen. Besitz, dann Verlust der Ehre, Leben in der Schmach, Wiederherstellung durch Rache oder Duell, Triumph und Tod bezeichnen die vorgeschriebenen Akte des gesellschaftlichen Rituals und ebenso der dramatischen Form. Am offensichtlichsten wird diese soziale und literarische Doppelfunktion im Duell[15], dem entscheidenden Erweis des Ehrenkodexes – und dem Höhepunkt einer aus ihm gezogenen tragischen Handlung. Die körperliche Aktion des Duells bringt jene Körperlichkeit und Tapferkeit in anschauliche Erinnerung, die in der Tragödie den hohen Rang ihrer Protagonisten, die Standesklausel, aus heroischer Tradition begründen.[16] Selbst der Unterlegene erhält durch das Duell die verlorene Ehre zurück – ein zur tragischen Katharsis analoger Ausgang: beide Male sichert der Tod dem Helden das Weiterleben in dem Gesetz, in der Idee, für die er untergegangen ist.

Solches Ende erhellt, wie mächtig das Leitbild der Ehre für die Handelnden von Anfang an gewesen sein muß: es

---

[15] Hier hat sie bereits Max Kommerell (*Beiträge zu einem deutschen Calderón*, Bd. 1, Frankfurt 1946, S. 90) erkannt: »Des Duells kann das Drama ebensowenig wie das Leben selbst entraten, da es die Hingabe an den obersten Standesbegriff damit besiegelt, daß er jederzeit mit dem eigenen Blut vertreten und dem fremden Blut gerächt wird; für das Drama ist das Duell der eigentlich symbolische Akt des Ehrenkodex.«

[16] Bereits das Streben nach Ehre erfordert diese heroische Körperlichkeit, s. Lessings dramatisches Fragment *Agamemnon*: »Der Krieg ist es, was einen Fürsten bildet. Schweiß, Ermattungen, schlaflose Nächte, nimmer ruhige Tage, Sorge, Gefahr, verschmähter Tod, ein allen gleiches Schicksal, veränderliches Glück, die sind es, welche den Geist zur Ehre erheben.« (*Werke*, hg. von Petersen u. Olshausen, T. 10, S. 14 f.) Antike Tragödie, heroische Werte, Aristokratie, Soldatenberuf (s. Tellheim!) und Ehrbegriff bilden hier für Lessing den engen Zusammenhang eines ›tragischen Lebensstils‹.

vermag im Drama die Rolle der Idee zu übernehmen. »Wo die Ehre unnatürlich wird, da gerade erhebt sie sich zum Rang der Idee.«[17] Sie kommt zum Vorschein, indem das Leben sich einer Form – und sei es eine Formalität – unterwirft, der Ehre zuliebe aufs Glück verzichtet:

Et l'on peut me réduire à vivre sans bonheur,
Mais non pas me résoudre à vivre sans honneur.[18]

Diese Maxime des Grafen Gomras aus dem *Cid* gilt ebenso für seinen Gegner: indem Rodrigue »son honneur à Chimène, et Chimène à sa vie«[19], also die Ehre der Liebe und dem Leben vorzieht, verwandelt er sie in eine Idee, die als das Unbedingte dem Bedingten gegenübersteht. Um als objektiv zu gelten, benötigt sie keine philosophische Konstruktion (mit der sich bürgerliche Tragödienversuche mühen werden); vielmehr kann sie sich – was ihr dramatische Wirksamkeit eröffnet, allerdings ›Tiefe‹ versagt – auf die Klarheit ihrer Formulierung und auf die Selbstverständlichkeit ihrer Anerkennung innerhalb einer sozialen Gruppe berufen, die sich durch diese Idee allererst konstituiert glaubt.

Jedoch an diesem Punkt wird die Leistung des Ehrprinzips für die Konstruktion einer Tragödie zwiespältig: seine ›Unvernünftigkeit‹ scheint zu erlauben, daß es die Nachfolge des aus dem Mythos entsprungenen tragischen Schicksals antritt – aber in der uneingeschränkten Zustimmung des Helden zu allem, was ihm das Gesetz der Ehre befiehlt, gibt er jenen Kontrapost auf, den der Held der griechischen Tragödie als seine eigene Vernunft und Freiheit dem über-

---

17 Kommerell, *Calderón*, Bd. 1, S. 90.
18 Pierre Corneille, *Le Cid*, in: C., *Théâtre choisi*, ed. Maurice Rat, Paris 1961, p. 34.
19 Ebd., p. 73. Ähnliche Rangfolgen bilden stets die rhetorischen Höhepunkte der spanischen Dramen, z. B. in Calderóns *Richter von Zalamea* (*Dramen*, S. 696):
Daß, ums Leben deiner Ehre,
Du den Tod gabst deinem Kinde.

mächtigen Schicksal entgegenzusetzen hatte. Tragisch wurde dieser nicht durch den Untergang selbst, sondern durch den Einwand gegen die Rechtmäßigkeit seines Untergangs. Im Trauerspiel dagegen, das von der Ehre lebt, ist der Tod des Helden äußerlich, weil durch die Mechanik der Ehrgesetze verursacht. Der Held ist Held nur in dem Maß, in dem er sie anerkennt und vollzieht – andernfalls würde ihm die Zugehörigkeit zur Aristokratie abgesprochen. Eben diese soziale Homogeneität innerhalb eines unbefragten ständischen Rahmens (»Ehr ist ein geschloßner Ort«[20]: Kaste und Bühne) verbietet dem neuzeitlichen Trauerspiel, Individualität freizusetzen[21] – was die antike Tragödie vermochte, indem sie den Umbruch von der archaisch-mythischen Stammesgesellschaft zur rationaleren Poliswelt zum historischen Grund hatte und als Gegensatz von Schicksal und Held dramatisch reflektierte. Erst im stummen Kampf, der in der Tragödie Gestalt annahm, befreite sich die Individualität des antiken Helden. Sie hatte noch nicht ihren Begriff gefunden und aus ihm jene Regeln ihrer Integrität abgezogen, mit deren Hilfe der neuzeitliche Ehrenkodex Individualität abstrakt sichern will und dabei ihre Konkretheit opfert. »Griechen und Römer waren doch wohl ganze Helden: aber sie wußten nichts vom point d'honneur.«[22]

---

20 Calderón, *Der Arzt seiner Ehre* (*Dramen*, S. 449).
21 Deshalb erhält selbst im Konflikt widersprüchlicher Ehrbestimmungen die betroffene Figur keinen individuellen Kontur: sie versucht ihn in quasi-juristischer Abwägung zu lösen und versetzt sich damit in die unpersönliche Neutralität des Richters (s. Calderóns *Große Zenobia*, ebd., S. 314–317). Das Subjektive erscheint höchstens als der Widerstand des Fleisches, den es nach Märtyrerart zu besiegen gilt, um das objektive Gut, die Ehre, zu behaupten: »meiner Ehre Läutrung/ Ist sie selbst, wenn ich mir selber/ Obgesiegt, weil ohne Prüfung/ Nimmer sie vollkommen wäre.« (*Der Arzt seiner Ehre*, ebd., S. 371).
22 Schopenhauer, *Aphorismen zur Lebensweisheit*, S. 449. S. auch die folgenden Belege aus antiker Geschichte und Literatur, S. 449–451. Daß gr. τιμή, lat. honos das subjektbezogene Element fehlt, das den neuzeitlichen Ehrbegriff auszeichnet, zeigt Friedrich Klose, *Die Bedeutung von honos und honestus*, Diss. Breslau 1933, S. 94–97.

Deshalb kann Hegel die Kritik der Ehre durch den Vergleich mit bürgerlichen wie mit antik-heroischen Tugenden (auf die sich die Ritter der Ehre doch berufen) vortragen: »Denn die persönliche Selbständigkeit, für welche die Ehre kämpft, zeigt sich nicht als die Tapferkeit für ein Gemeinwesen und für den Ruf der Rechtschaffenheit in demselben oder der Rechtlichkeit im Kreise des privaten Lebens; sie streitet im Gegenteil nur für die Anerkennung und die abstrakte Unverletzlichkeit des einzelnen Subjekts.«[23]

Gerade ihre Hypertrophie, ihre abstrakte Fassung verhindert die wirkliche Individualität, die sich nur aus dem tätigen, arbeitenden Bezug zur realen Gesellschaft ergeben kann – sei es die politische des antiken Heros, sei es die private des modernen Bürgers. Im Mangel dieser Beziehung gründet die ›Unvernünftigkeit‹ der Ehre: ihre Taten nützen niemandem. Unentschieden zwischen dem antiken Heros, der mit der äußeren Tat die politische Welt begründete, und dem Bürger, der in seiner privaten Welt auf ›Taten‹ verzichten kann und muß, vollbringt der Ritter, von der Ehre geleitet, noch äußere, quasiheroische Taten, bezweckt aber lediglich die Geltung seiner Person; jene werden also zu Metaphern, diese zur Allegorie. Das Widersprüchliche und Chimärische des Rittertums, das schon am Abenteuerlichen in seiner äußeren Form sichtbar geworden ist, zeigt sich hier am inneren Begriff selbst, in dem der Ritter sein eigenstes Wesen fassen will.

In dieser Widersprüchlichkeit des ritterlich-aristokratischen Ehrbegriffs wurzelt der Widerspruch, in dem sich die bisherige Darlegung zu verfangen scheint. Zuerst sah sie das Wesen der Ehre durch und in der Meinung der anderen über die eigene Person konstituiert, dann stellte sie fest, daß ihm jede soziale oder politische Relevanz fehle und, in

---

23 Hegel, *Ästhetik*, Bd. 1, S. 531.

äußere Urteile und Handlungen verkleidet, nur das Prinzip abstrakter Subjektivität am Werke sei. Öffentlicher und subjektiver Aspekt – und beider Einheit: das Gelten des Ich bei anderen – müssen historisch abgeleitet und vermittelt werden. Daß die Ehre ein Element der aristokratischen Lebensform darstellt, haben wir bislang konstatiert, aber nicht analysiert. Die Situation der Aristokratie im westlichen Europa der Neuzeit ist durch den Widerspruch gekennzeichnet, daß ihren sozialen Privilegien das Korrelat an politischer Macht und ökonomischer Potenz abhanden gekommen ist. Jene zieht immer mehr die Monarchie an sich, diese geht seit dem späten Mittelalter ans Bürgertum über; an jener wird die Aristokratie nur scheinhaft, nämlich im Zeremoniell der höfischen Gesellschaft, beteiligt,[24] von dieser schließt sie sich durch ihren Standeskodex, der sie Arbeit und Gelderwerb verachten lehrt, selbst aus. Als soziale Kaste ist der Adel privilegiert und beschränkt zugleich, herausgehoben und doch von historischen Entscheidungen abgedrängt. Seine Formeln, Regeln, Ideale zeichnen ihn aus, aber sie gelten nur für ihn – gutmütig gewähren die anderen Teile der Gesellschaft ihm diesen Vorrang und halten sich lieber ans Reale: Wirtschaft und Politik. Die Öffentlichkeit, welche die Handlungen oder Unterlassungen des ritterlich-aristokratischen Ehrenkodex zum Forum haben, ist also eingeengt auf eine homogene Gruppe, deren Mitglieder sich von den anderen absondern und gegenseitig erkennen, indem sie sich eben auf jenen Kodex verpflichtet wissen. Einleuchtend ist die Geltung der Ehrgesetze an die Überschaubarkeit ihres Geltungsbereichs, d. h. an eine relativ kleine Gruppe, gebunden, da nur sie Aufsicht über den Einzelnen ermöglicht.[25] (Solche namentli-

---

[24] Zur Funktion der Etikette bei der Domestizierung des Feudaladels vgl. Norbert Elias, *Die höfische Gesellschaft*, Neuwied/Berlin 1969.
[25] Aus dieser Prämisse leitet Tocqueville (*Demokratie in Amerika*, S. 169 f.) die »relative Schwäche der Ehre in Demokratien« ab, denn »wo die Staats-

che Bekanntheit der Personen setzte auch die alte Tragödie stillschweigend voraus; die Bedeutung dieses Moments wird besonders im Rückblick vom bürgerlichen Trauerspiel her sichtbar, das unbekannte Personen auf die Bühne bringt und deshalb anstelle mythischer oder historischer Reminiszenzen als erstes den sozialen Status einer Figur zu bestimmen gibt.) Weil nun dieser geschützt-beengten Öffentlichkeit die politische Dimension mangelt, d. h. aus den Aktionen ihrer Mitglieder keine reale Veränderung der Verhältnisse hervorgehen darf, kann jeder ›von Stande‹ durch sein Verhalten nichts als die Zugehörigkeit zu diesem Stand beweisen, durch die wiederum seine Identität – als Unterschiedenheit von den Leuten sine nobilitate gefaßt – einzig verbürgt ist. Die besondere Beschaffenheit der aristokratischen Öffentlichkeit erklärt also die abstrakte Subjektivität ihrer Teilnehmer – und damit den widersprüchlichen Doppelcharakter der Prinzipien, von denen wir die Ehre geleitet sahen. Geltung ohne Macht, Handeln ohne Folgen – dieses Dilemma zeitigt mit Notwendigkeit das ästhetische Dasein, den Schein der aristokratischen Existenz; ihre ›Taten‹ sind, selbst wenn sie, etwa im Duell, mit einem wirklichen Tod enden, poetisch.

Wo allerdings, wie im Duell, das ritterliche Spiel der Ehre unversehens in die Wirklichkeit geriet, immerhin einem Untertan das Leben kostete, sahen Staat und bürgerliche Gesellschaft den Freiraum der Aristokratie überschritten. Deshalb setzte gerade am Duell, das den Schein heroischer Selbständigkeit allzu ernst produzierte, die staatliche Beschneidung des Ehrenkodex ein. Beleidigte Ehre sollte durch staatliche Strafe, nicht länger durch private Genugtuung wiederhergestellt werden. »Dabei freilich stellte sich heraus, daß im Maß, als er den ständischen Ehrenschutz bei sich monopolisierte, der Staat der Auflösung solcher Ehrbe-

bürger sich in der großen Masse verlieren und fortwährend in Bewegung sind, hat die öffentliche Meinung keine Haltepunkte«.

griffe Vorschub leistete.«[26] Was von ihnen bleibt, reklamiert er als ›nationale Ehre‹ für sich. Der neuzeitliche Staat setzt den allgemeinen, abstrakten Rahmen der politischen Entscheidungen, der Gesetzgebung und der Jurisdiktion; dieser beschränkt die Untertanen auf die Privatsphäre: auf Religion, Moral, Familie und deren Basis, die Ökonomie. Zwischen Herrschaft und Privatwelt war, solange das absolutistische System bestand, keine Vermittlung vorgesehen und jede Zwischenform verdächtig. Daher witterte es im Duell einen Rest des feudalen Bürgerkrieges (und seiner Fortsetzung in den Religionskriegen), aus deren Überwindung der neuzeitliche Staat erst hervorgegangen war. Montesquieu formuliert das historische Ergebnis, daß in den Ehrenhändeln die einstige feudale Autonomie, domestiziert durch Monarchie und Bürgertum, weiterlebt, als politische Philosophie: er ordnet der Monarchie die Ehre als Prinzip zu, genauer als Kalkül, um die Ambitionen der mächtigsten Untertanen zu beschäftigen. Sie darf nur gelten, solange sie den Staat nicht gefährdet, denn da »die Ehre ihre eigenen unbeugsamen Gesetze und Regeln hat und nur von ihrer eigenen Laune, nicht aber der eines anderen abhängen kann, so kann sie ihren Platz nur in Staaten mit einer festen Verfassung und sicheren Gesetzen finden.«[27] Dem Ehrprinzip eignet ein doppelt romantischer, weil doppelt vergangener Charakter: es erinnert an die feudale Autonomie vorstaatlicher Verhältnisse, aber es erinnert nur in der Form spielerisch begrenzter Wiederholung, es wird nicht von dieser Autonomie getragen (die, ernst und wild, wie sie war, auf die lächerlichen Regeln der Ehre, die ja nichts als die gere-

---

26 Reinhart Koselleck, *Preußen zwischen Reform und Revolution*, Stuttgart 1967, S. 99, mit Bezug auf preußische Gesetze von 1811.
27 Montesquieu, *Vom Geist der Gesetze*, hg. von Ernst Forsthoff, Bd. 1, Tübingen 1951, S. 42. Vgl. ebd., S. 41: »Die Ehre setzt alle Glieder des Staatskörpers in Bewegung, sie verbindet sie durch ihr Wirken, und schließlich ergibt sich, daß jeder zum Gemeinwohl beiträgt, auch wenn er glaubt, nur seine Sonderinteressen zu verfolgen.«

gelten Verhältnisse der Staatlichkeit abbilden, verzichten konnte); und sie erinnert zunehmend an sich selbst, da sie immer mehr vor den Realitäten der Monarchie und des Bürgertums zurückweichen muß, vor deren Gegenwart zur Vergangenheit wird.

Greifbar wird die Obrigkeit des Staates im Monarchen, der folgerichtig – trotz seiner adeligen Herkunft – aus dem Kodex der Ehre ausgenommen ist. Er regiert durch Gesetze, nicht durch Zweikämpfe. Majestätsbeleidigung ist ein Verbrechen, kein point d'honneur. Thron und Ehre haben verschiedene Prinzipien; an ihrem Gegensatz artikuliert Ulfo, Vertreter der selbstherrlichen Aristokratie in Schlegels *Canut*, seine Opposition zum König:

Vom Schicksal kömmt der Thron, von uns die Ehre her.
Er bleibe, was er ist, ein König von sechs Reichen.
An Macht geb' ich ihm nach, an Ruhm will ich nicht weichen.[28]

Ulfo erkennt selbst die unglückliche Veränderung, die seinen Stand in die Enge der Untertänigkeit zwang, als historischen Prozeß: die Gegenwart sieht er »so ganz von Helden leer«, »Itzt glaubt ein jeder sich als Untertan beglückt«; einst jedoch, »wenn ein tapfrer Arm kaum seine Kraft erkannt«, schaffte er sich »Gelegenheit zu großen Taten«, sei es auch »durch Trutz und Unruh'«, da »widerspenstig sein doch kein Verbrechen hieß.«[29]

Die geschichtliche Ablösung der feudalen Autonomie durch den neuzeitlichen Staat stellt sich Ulfo als Disproportion von Charakter und Zeit und als Grund seines unglücklichen Endes dar. Besiegelt wird die Vergangenheit seiner anachronistischen Lebensform durch den Tod, dem zwar Notwendigkeit, aber keine tragische, zukommt; denn der bür-

---

28 Johann Elias Schlegel, *Canut*, in: *Deutsche Dichtung im 18. Jahrhundert*, hg. von Adalbert Elschenbroich, München 1960, S. 123.
29 Ebd., S. 137.

gerliche Autor steht nicht auf der Seite dieses Helden, dessen ehrgeiziges Handeln ihm blanke Unvernunft dünkt (also nicht zur Positivität einer tragischen ›Idee‹ gelangen kann), sondern auf der seines siegreichen Gegenspielers, des untragischen, vernünftigen, gütigen Königs. Diese Konstellation zeichnet das reale Bündnis von Bürgertum und Monarchie gegen die Fronde des Adels nach. Die gleiche Partei nehmen auch Lessings Stücke: wie Canut und Ulfo stehen sich Aridäus und Philotas, Saladin (explizit vom Bürger Nathan gestützt) und der Tempelherr gegenüber; selbst in *Minna von Barnhelm* wird die vom Ehrenpunkt ausgehende ›Rebellion‹ Tellheims am Ende durch die glückliche Entscheidung des Königs besänftigt. Von Bürgern entworfen, trägt das Bild des Königs bürgerliche Züge: stets ist er gütig, versöhnlich, einsichtig, aufgeklärt, vernünftig, auf Glück und Wohlstand seiner Untertanen bedacht – und aller Tragik abgeneigt. Er, der seine dramatische Existenz der Ständeklausel der Tragödie verdankt, löst die Tragödie auf. Die ökonomische Basis der neueren Monarchie, die bürgerliche Wirtschaft, drängt ihrer genetisch so unbürgerlichen Spitze im Schein von Idealität die Abstraktion der eigenen Verhältnisse auf. Bei fortgeschrittener Selbsterkenntnis des bürgerlichen Standpunkts tritt der Kaufmann dem König belehrend zur Seite (wie Nathan dem Saladin) oder an seine Stelle (wie Thorowgood in Lillos *London Merchant*).

Thorowgood erläutert seinem Gehilfen Trueman an einem Beispiel, »how honest Merchants, as such, may sometimes contribute to the safety of their Country, as they do at all times to its happiness«; als Genua Spanien, den Gegner Englands, zu unterstützen droht, schickt Elisabeth I. »Walsingham, her wise and faithful Secretary, to consult the Merchants of this loyal City, who all agreed to direct their several Agents to influence, if possible, the Genoese to break their Contract with the Spanish Court. 'Tis done, the State and Bank of Genoa, having maturely weigh'd and rightly judged of their true interest, prefer the friendship of the Merchants of London, to that of a Monarch, who proudly stiles himself King of both Indies.«[30] Die englischen Kaufleute handeln weniger im Auftrag der Königin, vielmehr wie ein König für ihr Land, sorgend für Sicherheit (safety) und Glück (happiness); und sie ›besiegen‹ in Genua einen anderen König. Die Substitution der königlichen Macht durch die merkantile verändert jedoch den Charakter der Aktion: Monarchen hätten die Waffen entscheiden lassen, Kaufleuten genügt es, ihren Einfluß (influence) geltend zu machen, um die Ausrüstung der spanischen Flotte zu verhindern (denn das genuesische Geld sollte dazu dienen, »to equip his vast Armado«) und die der englischen zu ersparen. Mit Geld statt mit Blut, auf der Bank statt auf der See wird die ›Schlacht von Genua‹ gewonnen. Trueman muß den Ausgang loben: »Happy success of prudent Councils. What an expence of Blood and Treasure is here saved!«[31] Friedliche Ziele sind auf friedliche Weise erreicht, eine ›Tragödie‹ ist vermieden worden, indem die indirekte, sachliche Wirkung der bürgerlichen Geschäfte die direkte, dramatische Handlung einer militärischen Heroik abgelöst hat. Diesen »Merchants« gebührt das Attribut »honest«, weil sie – durch Rat mehr als durch Tat – die Aufgabe von Ehrenmännern übernommen haben. »Als Fürst« (492) wird der Kaufmann Nathan von seinem Volk verehrt; dem Sultan Saladin beschafft er die Geldmittel, welche politische Macht erst begründen; im Gespräch erweist er sich dem Monarchen ebenbürtig, ja überlegen. Nathan lenkt vorsorglich und klärt glücklich die Geschicke der Menschen dieses Stücks, selbst dessen, der sich ihm entziehen und entgegensetzen will: des widerspenstigen Aristokraten, des Tempelherrn.

---

30 George Lillo, *The London Merchant*, in: *Eighteenth Century Tragedy*, ed. Michael R. Booth, London 1965, p. 9 sq.
31 Ebd., p. 10.

Mit bürgerlichen Zügen war das Gesicht der Herrscher gezeichnet; in Thorowgood und Nathan erweist es sich als monarchische Maske der bürgerlichen Herrschaft, des Geldes. (Besonders durchsichtig wirkt die Verkleidung am König Aridäus, der den gefangenen, von der Ehre getriebenen Philotas nur als Tauschobjekt einschätzt, ein scheinbar heroisches Schicksal auf die Metaphorik der Kaufmannssprache reduziert, auf Kauf, »Waagschale« und »Gewicht« – 275 f.) Der Prozeß, den wir zunächst als den staatlich-monarchischer Gesetze gegen die Ehrgesetze gefaßt hatten, muß noch einmal in seiner wahren, d. h. materiellen Gestalt verhandelt werden – als der Prozeß des Geldes gegen die Aristokratie, um ihn schließlich in seiner formalen, d. h. literarischen Gestalt zu verstehen – als den Prozeß der Komödie gegen die Tragödie.

Tellheims Misere, die er zur Kränkung seiner Ehre stilisiert, wurzelte, so hatten wir gesehen, im Geldmangel, in ungünstigen Entwicklungen von »Kapitalen« und »Vorschuß«. Doch nicht allein die momentane Verlegenheit, vielmehr die materielle Basis von Tellheims Existenz ist vom Geldprinzip abhängig: er ist ›Soldat‹, d. h. Soldempfänger, ohne Besitz an Grund und Boden, der ihm den Rückzug auf ein eigenes Gebiet und damit personale Autonomie sichern würde. Und wenn am Ende der Brief des Königs die Ehre seines Offiziers wiederherstellt, so konkretisiert sich dieser formelle Akt inhaltlich in der Rückzahlung der Tellheim geschuldeten Gelder: »Ich tue Euch zu wissen, daß der Handel, der mich um Eure Ehre besorgt machte, sich zu Eurem Vorteil aufgekläret hat. [...] Die Hofstaatskasse hat Ordre, Euch den bewußten Wechsel wieder auszuliefern, und die getanen Vorschüsse zu bezahlen« (366). Daß uns Saladin nicht in königlicher Würde, sondern als gutmütiger, schwächlicher Hausvater erscheint, hat wiederum zuerst eine finanzielle Ursache, die er auf Sittahs Frage »Was klemmt? was fehlt?« freimütig und resigniert bekennt:

Was sonst, als was ich kaum zu nennen würd'ge?
Was, wenn ich's habe, mir so überflüssig,
Und hab' ich's nicht, so unentbehrlich scheint. –
[...] Das leidige, verwünschte Geld! (498)

Seine finanzielle Abhängigkeit von Nathan (der auch die philosophische Belehrung korrespondiert), der alten Macht von der neuen, ist ebenfalls im *London Merchant* vorgezeichnet, wo die spanische Monarchie auf die Bank von Genua und die englische auf ihre »loyal City« angewiesen ist.

All diesen Handlungszügen liegt die historische Wahrheit zugrunde, daß den Niedergang des Feudalismus die Geldwirtschaft verursacht hatte und daß die Monarchie nur im Bündnis mit ihr überleben konnte. Die feineren, inneren Wirkungen des Geldes lassen sich daran ablesen, wie es das leitende Prinzip der adeligen Lebensform, die Ehre, beeinträchtigt und unterhöhlt, »principe, que se détruirait, disent-ils, par une principe tout contraire, qui se trouve dans le commerce, l'interêt.«[32] Die Ehre hatte einen Stand aus allen anderen hervorgehoben, die Mitglieder des einen Standes dann einander gleich geachtet (was, wie erinnerlich, die abstrakte Individualität des ›Manns von Ehre‹ hervorbrachte) – das Geld dagegen setzt alle Menschen von Natur gleich und unterscheidet sie erst in einem zweiten Schritt quantifizierend nach dem, was sie gerade besitzen (was das ideologische Paradoxon von Gleichheit und Individualität zeitigt oder, anders gesagt: von Natur-Idee und Liberalismus). Nicht Geburt, sondern Leistung, d. h. was sie momentan, konkret vorzuweisen hat, bestimmt den ›Wert‹ einer Person. Daraus resultiert die objektive Komik Tellheims, daß ihm momentan und konkret, also in komischen und

---

[32] Abbé Coyer, *Développement et défense du système de la Noblesse commerçante*, Amsterdam 1757, p. 137, in Auseinandersetzung mit Montesquieus Fassung des »principe de l'honneur«.

zugleich bürgerlichen Dimensionen gesehen, die ›Werte‹ abhanden gekommen sind, während er nach Rang und Namen immer gleich und unbeugsam, also in tragischen und ritterlichen Dimensionen verharren sollte und wollte. Dieses Gegeneinander von Dauer und Zufall, Sein und Leistung, Aristokrat und Kaufmann hat die Ringparabel im *Nathan* ins Nacheinander einer Erzählung gebracht, die jenen Antagonismus gleichnishaft als historischen Ablösungsprozeß zu erkennen gibt. Anfangs erbt den Ring, der es vermag, »vor Gott/ Und Menschen angenehm zu machen«, jeweils ein einziger Sohn, der als »Fürst des Hauses« (531) über allen anderen steht. Hier zeichnet sich das Modell einer ständisch geschichteten, durch Erbe und Tradition privilegierenden, aristokratisch verfaßten Gesellschaft ab. Als »Tyrannei« charakterisiert Nathan solche Herrschaftsform; seine Sympathie gehört der neuen Stufe, auf der jeder der Söhne unter gleichen Voraussetzungen »um die Wette,/ Die Kraft des Steins in seinem Ring' an Tag« (534) legen kann, also sich, unter der Annahme gleicher Voraussetzungen, nach dem Prinzip der Konkurrenz zur Geltung bringt. Zweifellos haben diesem Modell, das von Religion und Toleranz der Religionen zu sprechen scheint, die Gesetze des Marktes zur Vorlage gedient: er kann nämlich nur dort sich bilden, wo die Warenbesitzer einander als von Hause aus gleich anerkennen und den freien Zugang zum Markt gewähren, auf dem nun die Vorzüge jedes Einzelnen als zählbarer Gewinn objektiv werden. Das Bildmaterial der Ringparabel führt ihren ideologischen Inhalt: religiöse Toleranz, auf den ökonomischen Ursprung: den Markt, der Toleranz notwendig involviert. Befangen in aristokratischen Vorstellungen waren also die Söhne, solange sie Bestätigung ihres Privilegs vor Gericht gesucht hatten; Einsicht in die neuen bürgerlichen Gesetze bewies der Richter, als er ihren Streit als Marktkonkurrenz und damit die Möglichkeit seiner friedlichen Lösung erkannte. (Ähnlich sind Irrtum und Lösung in Tellheims Mißgeschick beschaffen: er interpretiert eine alltägliche Situation des bürgerlich-ökonomischen Lebens, nämlich vorübergehenden Geldmangel, nach exzeptionellen aristokratischen Normen, als Fall, der König, Gericht und Ehre tangiere.)

Wiederum tritt die friedliche Lösung in Kontrast zu jedem tragischen Entwurf – des Kaufmanns Nathan Überlegenheit über die ritterlichen oder kirchlichen »Glaubenshelden« (520; aristokratische Ehre und klerikales Dogma sieht die bürgerliche Kritik in der Intoleranz konvergieren!) schlägt sich formal als Verhinderung der ›Tragödie‹ nieder, einfacher und aufgeklärter gesagt: des Unglücks, als versöhnlicher Ausgang des »dramatischen Gedichts«, das zwischen Tragödie und Komödie seinen Ernst findet. Während das Prinzip des Privilegs Änderungen zwischen Personen nur um den Preis der Gewalttat gestattet (man denke an das häufige Tragödienmotiv des Königs- oder Thronanwärtermords), erlaubt das Prinzip des Marktes, Veränderungen im Verhältnis der Personen allein in äußeren Gütern auszudrücken, am genauesten in Geld, das keine unverrückbaren Gegensätze wie die von der Ehre umschriebenen und bewachten Standesgrenzen kennt, sondern gerade seinen Zweck erfüllt, wenn es vom einen zum andern im Einverständnis des Tausches übergeht. Da keine Station seines Weltlaufs die letzte ist, all seine Zwecke relativ sind, untergräbt es die Endgültigkeit von Entscheidungen und damit die tragische Absolutheit des Individuums. Ins Verhängnis, zu Kampf und Tod führte die Ehre, weil sie jedes Wort, jeden Vorfall unmittelbar auf den Wert der angeblich betroffenen Personen bezog, der dann persönlich, und koste es das Leben, verteidigt werden mußte. Das Geld jedoch löst die Beziehungen zwischen den Menschen von den Menschen selbst ab; sie erscheinen ihnen in dinglicher Gestalt.[33] Im

33 Als »Warenfetischismus« hat Marx dieses Phänomen analysiert (s. *Das Kapital*, Bd. 1, Kap. 1, Abschnitt 4).

Grunde kann sie kein Schicksal mehr treffen. Selbst Wirtschaftskämpfe gehen »in einer objektiven Sphäre vor sich, [...] in der die Persönlichkeit nicht sowohl als Charakter, sondern als Träger einer bestimmten sachlichen Wirtschaftspotenz wichtig ist und wo der todfeindliche Konkurrent von heute der Kartellgenosse von morgen ist.«[34] In der Trennung von Haus und Markt, Mensch und Sache, Familie und Geschäft ist die ideelle – freilich nicht die faktische – Schicksalslosigkeit des bürgerlichen Lebens mehrfach gesichert. ›Freiheit und Notwendigkeit‹ existieren demnach untragisch nebeneinander. (Hier zeichnet sich der gesellschaftliche Ursprung dieses Begriffspaars ab und auch die Schwierigkeit, es – wie Schiller versucht – für die Konstruktion einer Tragödientheorie zu nutzen.)

Ihren Einheitspunkt haben die intellektuellen und literarischen Folgen des Geldes in dessen zentraler Leistung: in der Bildung der systematischen Vernunft, der Philosophie.[35] Treffend erläutert wiederum Thorowgood »the method of Merchandize«: »See how it is founded in Reason, and the Nature of things. – How it has promoted Humanity, as it has opened and yet keeps up an intercourse between Nations, far remote from one another in situations, customs and Religion; promoting Arts, Industry, Peace and Plenty.«[36]

Die beiden Kaufleute, Thorowgood und Nathan, artikulieren den gleichen Ideenzusammenhang von Humanität, Verständigung, Toleranz, Frieden und Wohlstand. Nur gibt der *London Merchant* den materiellen Grund dieser Ideen, »the method of Merchandize«, offen, ja triumphierend kund. Er macht auch die Basis von Nathans Gedanken, der sie lieber in scheinbar autonome Formen faßt: in Poesie und Philoso-

---

34 Georg Simmel, *Philosophie des Geldes*, Leipzig 1900, S. 460.
35 Ausführlich entwickeln diesen Gedanken: George Thomson, *Die ersten Philosophen*, Berlin 1961, und Alfred Sohn-Rethel, *Geistige und körperliche Arbeit*, Frankfurt 1970.
36 Lillo, *The London Merchant*, p. 33.

phie, verständlicher. Die gegenseitige Duldung der Religionen etwa leitet Thorowgoods Darlegung aus dem »intercourse between Nations«, aus der Ubiquität und Universalität der Handelsbeziehungen ab, welche die persönlichen Besonderheiten der Menschen wie Herkunft, Sitte, Religion für irrelevant ansehen müssen im Verhältnis zu der einzig interessierenden Eigenschaft, Besitzer tauschbarer Waren zu sein. Den dem Kapital immanenten Drang nach totaler, globaler Expansion sieht man hier Hand in Hand mit der ›Aufklärung‹ gehen, die im ›Vorurteil‹ gleichzeitig die Handelsschranken niederreißt. Obgleich der Kaufmann »nicht aus Menschenliebe Nationen besuchte, es ward eine Art von Völkerliebe, Völkerbekanntschaft, Völkerrecht sichtbar«.[37] Was laut Thorowgood vom Handel ausgeht, erscheint bei Nathan als Leistung der Philosophie – die Identität des Ergebnisses legt es nahe, zumindest eine Verwandtschaft der Ursachen anzunehmen. Für Thorowgood ist der Handel »founded in Reason«; seine Beweise kehren jedoch die Begründungsverhältnisse materialistisch um: sie zeigen, wie die Teilmomente der Vernunft im Handel fundiert sind, was auf eine entsprechende Fundierung des Ganzen: der Vernunft, schließen läßt. Ist es Zufall, daß das philosophische Gespräch zwischen Nathan und Saladin (III 5-7) aufgrund von Geldgeschäften zustandekommt? (Ist es Zufall, daß mit Tellheim, der sich gegen alle Geldgeschäfte sträubt, kaum Verständigung gelingen will?) Läßt sich Nathans anfängliche Überraschung – »Ich bin/ Auf Geld gefaßt; und er will – Wahrheit« (529) – durch die Einsicht in die genetischen Stufen eines Prozesses auflösen? Einen Wink gibt Saladin selbst; absichtsvoll hat er Nathan zum Gesprächspartner gewählt: »Ein Mann, wie du«, ein Kaufmann also, entscheide nicht nach dem »Zufall der Geburt«, sondern »aus Einsicht, Gründen, Wahl des Bessern« (528 f.). Die »Wahl

---

[37] Herder, *Auch eine Philosophie*, S. 493. Herder spricht hier von den Phöniziern.

des Bessern« (Saladin stellt sie in Opposition zum »Zufall der Geburt«, der ja über Zugehörigkeit zu den Ständen bestimmt) – wo kann sie Nathan gelernt haben, wenn nicht im Tausch, auf dem Markt? »Aus Einsicht, Gründen« muß er eine Ware der anderen vorziehen. Daß Kritik als Prinzip bürgerlicher Philosophie, als Abwägen konkurrierender Gesellschaftsformen, Ideen, Kunstwerke ihren Ausgang vom Markt nimmt, erhellt auch ein Bild, das Fielding am Anfang des *Tom Jones* gebraucht: »An author ought to consider himself, not as a gentleman who gives a private or eleemosynary treat, but rather as one who keeps a public ordinary, at which all persons are welcome for their money. In the former case, it is well known that the entertainer provides what fare he pleases; and though this should be very indifferent, and utterly disagreeable to the taste of his company, they must not find any fault; nay, on the contrary, good breeding forces them outwardly to approve and to commend whatever is set before them. Now the contrary of this happens to the master of an ordinary. Men who pay for what they eat will insist on gratifying their palates, however nice and whimsical these may prove; and if everything is not agreeable to their taste, will challenge a right to censure, to abuse, and to d-n their dinner without controul.«[38]

In Gentleman und Wirt begegnet uns eine neue Form der alten Gegensatzpaare von Aristokratie und Kaufmann, Stand und Markt, Ehre und Geld, »Zufall der Geburt« und »Wahl des Bessern«, Zwang und Kritik. Die geladenen Gäste des adeligen Mahls unterliegen quasi dem Schicksal; sie müssen billigen, »whatever is set before them«. Dagegen haben die zahlenden Gäste im Wirtshaus ein Recht zur Kritik, »a right to censure«. Wer zahlt, darf urteilen, muß urteilen, weil sich die allgemeine Potentialität des Geldes auf eine Vielzahl von Waren richtet, die angeboten werden, seine quantita-

---

38 Henry Fielding, *The History of Tom Jones,* ed. A. R. Humphreys, London, New York 1963, vol. 1, p. 1.

tive Beschränktheit jedoch zur ›Wahl des Besten‹ zwingt. ›Philosophisch‹ möchte man dieses zögernde, nachdenkliche Verhältnis des Geldes zur Ware nennen. Als Abstraktion und Verdoppelung aus ihr entstanden, geht das Geld doch seine eigenen Wege; es reflektiert die Warenwelt und ist erst nach genauer Prüfung bereit (die Genese aller bürgerlichen Erkenntniszweifel wäre hier aufzuspüren), sich gegen die Waren, denen es immerhin seine Existenz verdankt, wieder einzutauschen. Den Fortgang vom unbestimmten Angebot zum bestimmten Kauf leitet der Warentest, Modell und Ursprung aller bürgerlichen Kritik und Philosophie. (Aus Fieldings Vergleich seiner Tätigkeit als Romanautor mit der bürgerlichen Marktsituation des Wirtes wäre auch der kritisch-kommentierende, philosophisch-räsonierende Charakter dieses Romans zu erklären.)

Wer Geld hat, hat die Wahl, und wenn er »aus Einsicht, Gründen« wählt – anders verfehlt er die Normen und deshalb den Erfolg des Geschäfts –, wird das Ergebnis vor der Vernunft bestehen können. Die Utopie von Glück und Wohlstand steht am Ende des Geschäfts – und daher am Ende der Stücke, die der Kaufmannsgeist gebildet hat. Er ist bereits vor Beginn der Handlung von allen Leidenschaften gereinigt und versöhnt; ein tragisches Ende kann er sich sparen. Er überläßt es Leuten, die kein Geld haben. Genau hält der vollständige Titel des ersten ›bürgerlichen Trauerspiels‹ diese Relation fest: *The London Merchant. With the Tragical History of George Barnwell.* Nur einen Annex zu der dominanten, prosperierenden Welt des Kaufmanns Thorowgood bildet die »tragische Geschichte« des besitzlosen Kaufmannsdieners Barnwell. Die angebliche Tragödie ist in Wahrheit nichts anderes als das beiläufige Unglück des untergeordneten Personals; Barnwell ist übel dran (»ruin'd«), weil er Geld, das abstrakte, sachliche Prinzip bürgerlicher Ökonomie, für sich persönlich, als Lebensmittel, braucht, so daß er seine Moralität, seinen Leumund und schließlich sein Leben dafür in Zahlung geben muß. Aber selbst am Ende wird ihm kein tragischer Tod aus eigenem Geschick zuteil, sondern ihn, den bloßen Übeltäter, ereilt die bürgerliche Strafe: die Hinrichtung durch die staatliche Ordnung, welche die Thorowgoods zur Absicherung ihrer ›glücklich-humanen‹ Geschäfte brauchen. Letztlich sind sie es, die den Helden zum Kriminellen und die »Tragical History« zur Moritat verwandeln. – Auch Tellheim führt der Mangel an Geld in die Nähe des Tragischen, das jedoch seine aufgeklärte Umgebung in Hirngespinst und bloßes Mißgeschick, also in Ingredienzien der Komödie zerlegen und in dieser Form beheben kann. Als Unterordnung (*The London Merchant*), Verhinderung (*Minna von Barnhelm*) und Auflösung (*Nathan der Weise*) der Tragödie schlägt sich die Bedeutung des Geldes in der Formgeschichte des Dramas nieder.

Gegen die Behauptung, daß solch glückliche, vernünftige Wirkungen vom Geld ausgehen, wird sich der vereinigte Widerspruch privater und historischer Erfahrung regen. Es ist unzulänglich, die Selbstverklärung der bürgerlichen Gesellschaft aus ihrem materiellen Grund zu verstehen, im übrigen es aber bei der Verklärung zu belassen. Die ständigen Beteuerungen über die Vernünftigkeit des Geldprinzips, die Sittlichkeit des Handels wecken den Verdacht, daß diese Folgen zumindest nicht selbstverständlich, sondern erst das Ziel von Aufklärung und Erziehung sind. Deshalb ist *Der Kaufmann von London* ein Lehrstück: guter und schlechter Umgang mit dem Geld treten in Thorowgood und Barnwell auseinander. Immerhin ist auch Barnwells Verhalten möglich. Man muß in seinen Methoden des Gelderwerbs, Unterschlagung und Raubmord, eine Zuspitzung, doch kein Verfehlen der kapitalistischen Geschäftspraxis sehen. Verhängnisvoll ist nur, daß er die Form der direkten Ausplünderung, die auch ein Thorowgood in seinen überseeischen Geschäften nicht entbehren kann, in der Heimat anwenden will. Und verhängnisvoll ist, daß er einen Konkurrenten ersticht, nicht kunstgerecht ruiniert. Ins Komische übersetzt, zeigen der geldgierige Wirt und der betrügerische Spieler Riccaut de la Marlinière in *Minna von Barnhelm,* auf welche fatale Weise das Geld zum Antagonisten der Ehre werden kann. Nachdem das Geld die Ehre so nachhaltig zersetzt hat, stehen die Geldbesitzer selber ohne Ehre da, wie etwa der Kaufmann Oronte in Lessings Komödie *Damon,* dem man vorhält, daß »ein schlimm [d. h. durch Bankrotte] erworbener Reichtum wenig Ehre« bringe, und der sich zu seiner Verteidigung auf die prinzipielle Unvereinbarkeit von Ehre und Geld beruft: »Ach! ach! Ehre! Ehre! Versteh' Er mich. Um die Ehre ist es auch zu tun. Es muß mancher, versteh' Er mich, bei aller Ehre, die er hat, verhungern [...] es wird meinen Erben gleichviel sein, ob ich ihn mit Ehre oder ohne Ehre besessen habe. Versteh' Er mich. Sie werden mir's danken, und wenn ich ihn gestohlen hätte.«³⁹ Selbst Nathan, den wir das Gebäude der Humanität auf der Grundlage des Geldes errichten sahen, muß gestehen, daß der Erwerb dieser Grundlage mit Humanität nicht viel zu schaffen hat: »Schulden einkassieren, ist gewiß/ Auch kein Geschäft, das merklich fördert« (469). »In der privaten Warenwirtschaft gehört ein Stück Unehrenhaftigkeit sogar zur Existenz.«⁴⁰ Angesichts solcher Dissoziation von Geldprinzip und Menschlichkeit sogar in dem Stück, das deren Versöhnung zum Vorwurf hat, zieht die radikale, doch einzig logische Konsequenz Al-Hafi, der Derwisch. Er, der einsieht, daß

---

39 Lessing, *Werke,* hg. von Petersen u. Olshausen, T. 3, S. 36.
40 Wilhelm Reich, *Massenpsychologie des Faschismus,* Nachdruck der Ausgabe 1933, S. 83. »Trotzdem spielt der Begriff der Ehre und der Pflicht im Kleinbürgertum eine so entscheidende Rolle« (S. 83 f.). Reich begründet diese Rolle der Ehre, die im Widerspruch zur ökonomischen Realität steht, aus der Sexualmoral, die als Instrument politischer Unterdrückung diene. Der Zusammenhang von sexuell zugespitztem Ehrbegriff und gesellschaftlich-politischer Kastration in *Emilia Galotti, Kabale und Liebe, Maria Magdalene* scheint Reichs These sogar in der Geschichte des bürgerlichen Trauerspiels zu bewahrheiten.

»leihen,/ Auf Wucher leihen, nicht viel besser ist,/ Als stehlen« flieht aus Nathans ›humaner‹ Welt des Wohlstands an den Ganges – »Am Ganges nur gibt's Menschen« (517).
An diesem Punkt muß die anfänglich so vehement vorgetragene bürgerliche Kritik der Ehre ins Nachdenken und Zweifeln geraten. Was sie dem aristokratischen »Gespenst« entgegenstellen kann, die bürgerliche Wirklichkeit, schrumpft eben dem kritischen Blick bald aufs Materielle, den Gelderwerb, der seine eigenen Gesetze hat und menschliche Ziele nicht notwendig mit sich führt. Lessing kann deshalb die naiven Wertungen des frühbürgerlichen Dramas, das die Tugenden der Sparsamkeit und der Kapitalvermehrung gegen Leichtsinn und Verschwendung pries[41], nicht länger teilen. Überzeugendes Zeichen solchen Sinneswandels ist die Darstellung Tellheims. Sein unbürgerliches Verhältnis zum Geld tut sowenig wie sein aristokratisches Verhältnis zur Ehre seinem persönlichen Rang und Charakter Einbuße. Lessings Einwände, durch Minnas Mund vorgebracht, betrafen die Übertreibungen, nicht die Substanz. Dem »ehrlichen, edlen Mann« eignet »bloß ein wenig zu viel Stolz« (341). In der Ehrlichkeit ist der Keim der Ehre bewahrt, im Edlen der Wert des Adels; und selbst der »Stolz« verschafft Tellheim jene Freiheit und Selbständigkeit der Person, die gegenüber den Anbiederungen des Geldes auf Distanz hält – »ich brauche dein Geld nicht« (334). An seinem Diener schätzt er, daß er »eine Handvoll Geld mit einer ziemlich verächtlichen Miene einem hinwerfen« kann (300); selber ohne Geld, lehnt er die Annahme geschuldeten Gelds ab, wenn er den Schuldner in Not glaubt (I 6). Daß Tellheim Geld fehlt, macht ihn komisch, weil sein äußeres Geschick von der Kleinigkeit der Dinge, vom physischen Bedürfnis (Geld tritt im bürgerlichen Milieu an die Stelle der alten komischen

---

41 S. Hans-Richard Altenhein, *Geld und Geldeswert im bürgerlichen Schauspiel des 18. Jahrhunderts*, Diss. Köln 1952 (Masch.).

Motive von Phallos und Wanst) abhängig ist; daß Tellheim Geld verachtet, verleiht ihm eine besondere Würde, weil so sein innerer Wert von den äußeren Dingen unabhängig bleibt. Den Widerspruch, daß der Mensch zu seiner bürgerlichen Existenz Geld benötigt, aber nur unabhängig vom Geld Mensch ist, faßt Lessings Komödie in dem Entwurf einer Figur zusammen, die das bürgerliche Leben als Aristokrat erleidet und übersteht. Dabei geht es nicht um das zufällige, exotische Problem, wie etwa einzelne Adelige sich unter den Gesetzen der bürgerlichen Ökonomie verhalten, sondern um das generelle Problem, ob und wie diese Gesetze dem Bürger ein ›höheres‹, ein quasi-aristokratisches Leben zu führen erlauben. Die adeligen Namen bilden nur die Fremdheit dieser bürgerlichen Idealität gegenüber der bürgerlichen Realität ab.[42] Daß Tellheim und Minna abgezogene aristokratische Werte verkörpern, nicht wirklich Aristokraten sind, ist bereits durch die Umstände angezeigt, unter denen sie auftreten: Minna sehen wir nicht auf ihren Gütern, sondern auf Reisen; Tellheim nicht in seinem Amt, sondern aus ihm entlassen – das aristokratische Ambiente ist räumlich und zeitlich entrückt, in eine gleichsam historische Ferne versunken; im Wirtshaus, am Ort einer bürgerlich-prosaischen Welt, haben beide nichts als ihre Person vorzuweisen. Wo aristokratisches Verhalten der realen Macht entbehrt, wird sie in bürgerlichen Kategorien als Individualität begreiflich. ›Innerer Adel‹ ist ein bürgerliches Ideal. Ist das Falsche des Vergangenen als »Gespenst der Ehre« abgetan, darf das Wahre des Vergangenen als »Rechtschaffenheit und Edelmut« (310) bestehen. Bürgerliche und aristokratische Tugenden, »Rechtschaffenheit und Edelmut«, Ehrlichkeit und Ehre sollen sich bei der Konstituierung des ›hohen‹

---

[42] Die gleiche Intention läßt sich im *Wilhelm Meister* an der Namengebung ablesen: um über die bürgerliche Welt der Werner und Wilhelm hinauszuweisen, führen die ›Adeligen‹ ähnlich exotische, poetische Namen (Lothario, Jarno etc.) wie die Schauspieler (Serlo, Philine etc.).

Bürgers versöhnen[43], der mehr sein will als Kapitalist. Weil die Schattenseiten der eigenen ökonomischen Basis, Profit und Konkurrenz, das Bild eines humanen Daseins verdunkeln, sucht er Anleihen bei einer Lebensform, der er selbst den wirtschaftlichen und sozialen Boden entzogen hat. Angesichts der schlimmen Folgen des Geldprinzips wird sogar das zuerst als närrisch verschriene Prinzip der Ehre wieder aufgewertet.

Der ökonomischen Realität am nächsten bleibt der bürgerlich-aristokratische Amalgamierungsversuch in der Gestalt des »honest Merchant«, wie ihn Thorowgood verkörpert.[44] Ihm ist der aristokratische Anspruch dieser Formel durchaus bewußt: »As the Name of Merchant never degrades the Gentleman, so by no means does it exclude him«; seine Tochter charakterisiert ihn als »Gentleman and Merchant.«[45] Thorowgoods Vorstellungen vom ehrenvollen Kaufmannsberuf sind historisch wie praktisch fundiert: zum einen durch die England eigentümliche Vermischung von Gentry und City, zum anderen durch die kaufmännische Pflicht, aus Geschäftsinteresse auf eine Art von ›Ehre‹ bedacht zu sein, nämlich auf Kreditwürdigkeit. Hier kann auch ihm die ›verlorene Ehre‹ zum Schicksal werden: »few Men recover Reputation lost. – A Merchant never.«[46] Die ideologische Annäherung an vorbürgerliche Leitideen zwingt ihre Apologeten, sogar unbürgerliches, der Logik des Kapitals widerstrebendes Verhalten zu idealisieren. Nicht das Einnehmen, sondern das Ausgeben von Geld scheint

---

43 Auch Minna verbindet in ihrer Selbstcharakteristik – »zärtlich und stolz, tugendhaft und eitel, wollüstig und fromm« (320) – jeweils eine bürgerliche mit einer aristokratischen Eigenschaft. Von hier wären die sozialhistorischen Wurzeln der Theorie des »gemischten Charakters« zu verfolgen.
44 Bereits Leone Battista Alberti, nicht zufällig ein Zeitgenosse des ersten Aufstiegs des Kapitals in Europa, hielt in den *Libri della famiglia* (3. Buch: *Economicus*) den Waren- und Geldhandel nur für zuträglich, wenn er mit »onestà et integrità« betrieben werde.
45 Lillo, *The London Merchant*, p. 10 sq.
46 Ebd., p. 36.

dann das ökonomische Prinzip dieser höheren Bürger zu sein. Thorowgood stellt seine »wellknown Generosity« im Geschäfts- und Privatleben gleichermaßen unter Beweis[47]; Nathan drängt seiner Familie Geschenke und dem Sultan Geld geradezu auf; froh und achtlos verschenkt Minna Geld an ihre Dienerin (II 3); Tellheim, der als Aristokrat das bürgerliche Ideal am reinsten, d. h. an ökonomischen Kategorien gemessen: am unsinnigsten darstellt, verschenkt selbst in der Not noch Geld (I 6).

Durch solches Verhalten wächst den Figuren eine Statur zu, die auch ihre Erscheinung auf dem Theater mit den früheren Helden aristokratischer Provenienz konkurrieren läßt. Denn jeder Auftritt eines Bürgers im ernsten Drama leidet unter dem Vorteil, der ihn der Sphäre des Tragischen überhaupt entrückt hatte: seine Person ist im Geldverkehr vom äußeren Geschehen nicht mehr betroffen, aber auch nicht mehr gewürdigt. Die bürgerliche Existenz enthüllt am Prüfstein der Bühne, die nach Wert und Erscheinung der Personen, nicht der Sachen fragt, ihre Ambivalenz von Sicherheit und Manko. Daß sie von Hause aus nicht tragisch werden kann, macht ihr die literarische Form zum Vorwurf. Die verhinderte oder aufgelöste Tragödie erinnert doch noch an die reinere Gestalt, die sie einmal war. Nicht ohne Bedauern, zumindest nicht ohne Nachdenklichkeit vermerkt das literarische Bewußtsein die Veränderung der Form ins Zwitterhafte – Lessings dramatische Theorie ist in diesem Punkt skrupulöser als seine Praxis. So gesehen, hat sogar Tellheims steter Hang zur tragischen Alternative immerhin den Vorzug, ihn als entschiedenen, ganzen Mann zu zeigen. Der König, der das letzte Urteil spricht, nennt es »Bravour« (367). Das heroische Format, das in einem unhe-

---

[47] Vgl. den Befehl an Trueman, »to see whether there are any Trades-mens Bills unpaid; and if there are, to send and discharge 'em« (p. 11). Ebenso ist er stets bereit, Barnwell den Griff in die Kasse zu verzeihen und die Summe zu schenken.

roischen Zeitalter komisch erscheinen muß, begründet dennoch Tellheims Wert als Mensch und dramatische Gestalt. Dazu kommt, daß nur der Adelige, der ja ohne besonderes Geschäft ist, dem Verdacht enthoben ist, den jeder Bürger als dramatis persona auf sich zieht: daß er, dessen Existenz von seinem besonderen Geschäft getragen wird, bei jeder Handlung, jedem Wort die Interessen dieses Geschäfts im Sinn habe. Deshalb muß er, wenn der Kaufmann ernst auf der Bühne agieren soll, ausdrücklich von ihm abgewiesen werden. Saladin sichert das ›Allgemein-Menschliche‹ seines Gesprächs mit Nathan, indem er das Merkantile (das freilich nur zu sehr der Anlaß ist) verbannt: »Ich habe mit dem Kaufmann nichts zu tun« (528). Immerhin ist Lessings Zutrauen, daß der Bürger Nathan den Part des Adeligen Tellheim bei der Konstruktion des ›höheren Bürgers‹ übernehmen und ausfüllen könne, bemerkenswert. Die weitere deutsche Dramengeschichte wird es nicht teilen: Goethe und Schiller berufen zum Anwalt bürgerlicher Ideen den adeligen Helden, weil von ihm das bürgerliche Interesse apriori entfernt ist. Nur indem das Theater, gestützt auf vorbürgerliche Traditionen: heroische Stoffe, glänzende Erscheinung, die Grenzen der bürgerlichen Welt überschreitet, kann es seiner Aufgabe gerecht werden, die bürgerliche Klasse zu erziehen, d.h. über habituelle Spiegelung ökonomischer Realitäten hinauszubringen. Allein in diesem dialektischen Sinne ist das Theater dieser Zeit als der bevorzugte Ort bürgerlicher Selbstverständigung auszumachen.

Bühne und Ehre kommen darin überein, daß sie den inneren Wert von Personen im äußeren Auftritt zur Geltung bringen. Beide sind Formen repräsentativer Öffentlichkeit. Beide kann deshalb die bürgerliche Gesellschaft beerben, sobald sie sich anschickt, von ihren ursprünglich privaten Grundlagen aus – Ökonomie, Moral, Innerlichkeit – den politischen Anspruch zu stellen, der die Geschichte des 18. Jahrhunderts bestimmt und auf die Revolution zutreibt. Vor dem revolutionären Kampf tauchen Vorstellungen von Ehre auf, um den Gegner auf dem Feld seiner eigenen Werte zu schlagen und Gewalt als notwendigen Akt zur Wiederherstellung ›verlorener Ehre‹ zu legitimieren. »Sobald die Begriffe von Ehre und Schande bei einer sozialen Gemeinschaft Eingang gefunden haben, ist es nicht schwierig, die Menschen zum Kämpfen zu veranlassen.«[48] Noch der bürgerlichen Agitation kommt dabei die Existenz einer zweiten Ehre zustatten, einer nichtständischen, allgemeinen: die Ehre der Frau. »Jede Frau und jedes Mädchen ist von Natur ›ehrbar‹ und muß ihre Tugend hüten, damit sie ihre Unbescholtenheit bewahrt.«[49] Verletzung dieser Ehre ist literarisch im Motiv der ›verführten Unschuld‹ tradiert und politisch als Ätiologie des Aufstands interpretiert worden.[50] Da unterm Schutz der Ehre auch die Frau niederen Standes steht, ist ihre soziale Gruppe zum Kampf gegen die Herrschaft verpflichtet, wenn sie jener Ehre zu nahe getreten sein sollte. So gerechtfertigt und gleichberechtigt, können sich die Bauern in Calderóns *Alcalden von Zalamea* und Lope de Vegas *Fuente Ovejuna* gegen ihre Feudalherren behaupten:

Alcalde: Und ungerecht und hart ist es, wenn Ihr
   uns Bauern unsre Ehre nehmen wollt.
Komtur: Ein Bauer... Ehre? Oh, ihr haltet euch
   wohl gar für kleine Calatravaritter?![51]

Die revolutionäre Intention dieses Motivs wird in *Emilia Galotti* und *Luise Millerin* wieder aufgenommen.[52] Um die

---

48 Mandeville, *Bienenfabel*, S. 247.
49 Weinrich, *Mythologie der Ehre*, S. 226.
50 Vgl. Hellmuth Petriconi, *Die verführte Unschuld*, Hamburg 1953.
51 Lope de Vega, *Loderndes Dorf* [= *Fuente Ovejuna*], in: L. d. V., *Dramen*, übers. von Hans Schlegel, München 1964, S. 34.
52 Beachtung verdient allerdings der Unterschied, daß der revolutionärglückliche Ausgang der spanischen Dramen, die mit der Exekution der adligen Missetäter durch die Bauern enden, bei Lessing und Schiller gebro-

weibliche Hauptperson gruppiert, stehen sich Aristokratie und Bürgertum als Ehrverletzer und Ehrverletzte gegenüber. Formal ist damit der bürgerlichen Dramatik der Anschluß an die Tragödienkonvention gelungen: der Auftritt hoher Personen. Zu ihnen treten Bürgerliche erst in erotische, dann in politische Beziehung; im Austrag der gemeinsamen Ehrproblematik wissen sie sich von gleichem Recht und Wert.

Die tragischen Wirkungen, welche noch im bürgerlichen Drama von der Ehre ausgehen, helfen der Schwierigkeit ab, im bürgerlichen Zeitalter Tragödien zu schreiben (es sei an das untragische Wesen des Waren- und Geldverkehrs erinnert). Auf dem Rücken der Formtradition überlebt der Ehrbegriff seine bürgerliche Kritik. Gerade der literarische Charakter, welcher der Ehre bereits in vorbürgerlichen Jahrhunderten anhaftete[53], macht sie literarischen Absichten gefügig. Sieht Lessing aus einem Ehrenpunkt tragische Verwicklungen hervorgehen, so läßt er seinen kritisch-moralischen Vorbehalt gern dahingestellt sein: »Ob es die wahre oder die falsche Ehre ist, die dieses gebietet [die eigenmächtige Rache für eine erhaltene Ohrfeige], davon ist hier die Rede nicht. Wie gesagt, es ist nun einmal so.«[54] Die Tragödie bleibt, sind auch ihre sozialen Voraussetzungen geschwunden, als formaler Gegenstand der Dramaturgie zurück. Dabei scheint ihr die Ehrenproblematik vorzüglich geeignet, Konflikt, Unversöhnlichkeit und unglückliches

---

chen und ins ›Tragische‹ umgebogen ist, in den Untergang der bürgerlichen Figur.
53 Vgl. Weinrich, *Mythologie der Ehre*, S. 230, zu den »Grenzfällen des Ehrenpunktes« in der Dramatik des 16. und 17. Jahrhunderts: »Das ist nicht mehr die Ehre in ihrer Selbstverständlichkeit, wie sie uns aus der Literatur des Mittelalters bekannt ist, sondern die Ehre als pointierter und mit verdächtigem Schneid verkündeter Ehrenpunkt. Aus der öffentlichen Ehre ist die veröffentlichte Ehre geworden. Ihr Forum ist die Literatur.«
54 Lessing, *Hamburgische Dramaturgie*, 56. St. (*Werke*, hg. von Petersen u. Olshausen, T. 5, S. 241).

Ende zu bewerkstelligen. Strikt stellt diesen Zusammenhang Rhodope in Hebbels *Gyges und sein Ring* her:

[...] Ein Gatte sieht
Sein Weib entehrt – entehrt? Sprich gleich: getötet –
Getötet? – Mehr, verdammt, sich selbst zu töten,
Wenn nicht des Frevlers Blut zur Sühne fließt!⁵⁵

Gemildert, im Prinzip jedoch nicht geändert, konstruieren aus diesen archaischen Ehrgesetzen die bürgerlichen Trauerspiele – *Emilia Galotti, Luise Millerin, Maria Magdalene* – ihren tragischen Ausgang und damit ihren Charakter als Tragödie, als ›hohe‹ Form.⁵⁶ Von den »sittlichen Mächten der Familie, der Ehre und der Moral«⁵⁷ sieht Hebbel sein Stück getragen. Schlegels *Canut* und Lessings *Philotas* gewannen ihr tragisches Ende aus dem aristokratischen Anachronismus der Ehre, den sich die Helden zu eigen gemacht hatten; Vernunft war jedoch nicht auf seiten der Helden, so daß sich die tragische Form bloß äußerlich, ohne innere Notwendigkeit erfüllte, also die intendierte Tragödie letztlich mißlang. (Philotas' Tod muß als Wahnsinn erscheinen, weil er ihn trotz des naheliegenden, vernünftigen Ausgleichs sucht.) Dagegen versucht das bürgerliche Trauerspiel, die Tragödie auf bürgerlichen Boden zu gründen, indem es zwischen »der Familie, der Ehre und der Moral« Zwang und Geschlossenheit in einer der aristokratischen Gesellschaft analogen Form zu finden hofft. Widersprüchlich und unentschieden schwanken die Autoren zwischen der

---

55 Friedrich Hebbel, *Werke*, hg. von Gerhard Fricke, Werner Keller und Karl Pörnbacher, Bd. 2, München 1964, S. 46 (V. 1145–1148).
56 Schopenhauer will wegen dieser Strapazierung der Ehre »den überspannten, zu tragischen Farcen ausartenden Taten der Lucretia und des Virginius keinen Beifall schenken [...]. Daher eben hat der Schluß der *Emilia Galotti* etwas so Empörendes, daß man das Schauspielhaus in völliger Verstimmung verläßt« (*Aphorismen zur Lebensweisheit*, S. 438).
57 Hebbel, *Werke*, Bd. 1, S. 328 (Vorwort zur *Maria Magdalene*).

inhaltlichen Kritik solch unaufgeklärter Verhältnisse und der formalen Affirmation tragischer Möglichkeiten.

Doch selbst der Formalismus des bürgerlichen Trauerspiels ist sozial bedingt. Hält man sich an Tocquevilles Einsicht, daß die Ehre ein Produkt der »Unähnlichkeit und Ungleichheit unter den Menschen ist« und die Ehre abnimmt in dem Maße, »je geringer diese Verschiedenheiten werden«,[58] so deutet die Perpetuierung des alten Ehrprinzips auf das Fortbestehen alter, genauer: auf das Entstehen neuer Ungleichheit. Kaum daß ihm der Sieg über die Aristokratie sicher ist, beginnt das Bürgertum sich als Klasse nach unten abzuschließen. Die besiegte Aristokratie kann ihm als Vorbild sozialer und politischer Privilegien dienen. Ehre und Tragödie tragen, oft verbündet, ihr Teil zur Stilisierung des erhabenen Standes bei, zu dem die neue Klasse sich erhebt. In der heroischen Gestalt des ›höheren‹ Bürgers werden die Züge der Klassenherrschaft sichtbar.

---

[58] Tocqueville, *Demokratie in Amerika*, S. 171 f.

IV. Ergebnis und Methode. Vorbürgerliche Heroik in der bürgerlichen Gesellschaft. Probleme sozialgeschichtlicher Werkinterpretation

1

»Aber unheroisch, wie die bürgerliche Gesellschaft ist, hatte es jedoch des Heroismus bedurft, der Aufopferung, des Schreckens, des Bürgerkriegs und der Völkerschlachten, um sie auf die Welt zu setzen. Und ihre Gladiatoren fanden in den klassisch strengen Überlieferungen der römischen Republik die Ideale und die Kunstformen, die Selbsttäuschungen, deren sie bedurften, um den bürgerlich beschränkten Inhalt ihrer Kämpfe sich selbst zu verbergen und ihre Leidenschaft auf der Höhe der großen geschichtlichen Tragödie zu halten.«[1]

Beschränkt ist der Inhalt der bürgerlichen Kämpfe nicht allein durch ihr geheimes Ziel und faktisches Ergebnis: die Herrschaft der neuen Klasse. Beschränkt ist er zunächst durch das Rüstzeug der bürgerlichen Kämpfer, die sich bislang in einer denkbar unheroischen Sphäre aufgehalten hatten: in der privaten. Ihr haftet – die Etymologie verrät es – ein privativer Charakter an, eine negative Bestimmung: sie ist ausgegrenzt und abgedrängt vom Öffentlichen, von der politisch-staatlichen Sphäre. Haus und Staat haben in den vorrevolutionären Jahrhunderten der Neuzeit keine personalen Berührungspunkte.[2] Anders als in der Antike, wo sich

---

[1] Karl Marx, *Der achtzehnte Brumaire des Louis Bonaparte*, in: Marx/Engels, *Werke*, Bd. 8, S. 116.
[2] Diese Behauptung muß nicht einmal in Rücksicht auf den bürgerlichen Beamtenstand, die noblesse de robe, modifiziert werden, da bei ihr öffentliche

oikos und polis dergestalt vermittelten, daß der Vorsteher des Hauses zugleich polites, entscheidender Staatsbürger war, besitzt das bürgerliche Haus keinen Ausgang zu politischer Tätigkeit. Die politische Definition des Bürgers, wie sie etwa Hobbes gegeben hat, hält sich einzig an den Entzug des Politischen: er ist Untertan. Produktiv für den Staat ist er nur in seinem ökonomischen Beitrag zu Wohlstand und Sicherheit, der, als Steuer eingetrieben, erst jenseits seiner vereinzelten Privatheit zum Mittel öffentlicher Staatsaktionen zusammengefaßt wird. Sie auszuführen, obliegt anderen Personen: dem Monarchen, der aristokratisch geführten Armee, der Bürokratie.

Sobald sich die bürgerliche Gesellschaft im 18. Jahrhundert anschickt, öffentlich zu werden, den alten Staat zu revolutionieren, muß sie ihre angestammten Hausgötter Familie, Tugend, Frömmigkeit durch solche ersetzen, die sich nur an öffentlichen Plätzen, auf Straße und Tribüne, verehren lassen: Freiheit, Tat, Fortschritt. Da sie ihre traditionell definierte Wirklichkeit historisch überschreiten muß, bedarf sie theoretischer und ästhetischer Entwürfe, die als Leitbilder ihr Handeln motivieren und begründen können. Es ist demnach notwendig und selber Ausdruck gesellschaftlicher Prozesse, daß Philosophie und Kunst in dieser Phase der bürgerlichen Geschichte nicht unmittelbar die bürgerlichen Verhältnisse ›spiegeln‹ – es sei denn, man rechne den Zukunftsaspekt, die Dimension der Möglichkeiten in dieser Epoche wiederum den Verhältnissen zu. In der Tat ist der Prozeß, der die frühbürgerliche Gesellschaft aus der Untertänigkeit zur Revolution führt, durch den Zuwachs an ökonomischer Potenz und durch deren Widerspruch zur sozialen und politischen Organisation bereits im »Schoß der alten Gesellschaft« angelegt. Doch die Realisierung der Potenzen, die

Tätigkeit und privater Status durch Arbeitsteilung streng geschieden und quasi zufällig in einer Person verbunden sind: nicht als Hausvorstand, sondern als Fachmann steht dieser Bürger im staatlichen Dienst.

Auflösung der Widersprüche zwischen den Produktivkräften und den Produktionsverhältnissen erfordern politisch bewußtes Handeln, deshalb ein zur politischen Handlung fähiges Bewußtsein, also eines, das gegenüber den Tagen, da man sich mit der stillen Akkumulation von Reichtum bescheiden konnte, qualitativ verändert ist. Als solche Metamorphose deutet Hegel noch im Rückblick das Erlebnis der Französischen Revolution bei den Zeitgenossen: »Es war dieses somit ein herrlicher Sonnenaufgang. Alle denkenden Wesen haben diese Epoche mitgefeiert. Eine erhabene Rührung hat in jener Zeit geherrscht, ein Enthusiasmus des Geistes hat die Welt durchschauert, als sei es zur wirklichen Versöhnung des Göttlichen mit der Welt nun erst gekommen.«[3] Die ungewohnte Politisierung des Bürgers läßt heroische Erinnerungen aufleben; denn mit der »Heroenzeit [...], in welcher das Individuum wesentlich Eines und das Objektive als von ihm ausgehend das Seinige ist und bleibt«[4], glaubt sich die Zeit der Revolution darin verwandt, daß sich die Wirksamkeit des Einzelnen im Gang der geschichtlichen Ereignisse, in der Gestalt der öffentlichen Einrichtungen niederschlage. Den Staat verändernd, hält sich der Bürger selbst für verändert: der Wechsel von der privaten zur ›heroischen‹ Existenz, vom bourgeois zum citoyen scheint ihm die endgültige Ablösung zweier Lebensformen zu bezeichnen – wo der historische Blick nichts als die temporäre Funktionsteilung zwischen der ökonomischen Macht und ihrem politischen Ausdruck erkennt.

Dennoch ist diese unvermeidliche »Selbsttäuschung« für die

---

3 *Vorlesungen über die Philosophie der Geschichte,* Frankfurt 1970 (= G. W. F. H., *Werke.* Theorie Werkausgabe, Bd. 12), S. 529. Hegels Sätze könnten auch zur Beschreibung und Interpretation des Anfangs von Jean Pauls *Titan* dienen (Albano läßt sich erst beim Aufgang der Sonne über Isola bella die Binde von den Augen nehmen!) – was wiederum belegt, daß die heroische Wirkung der Französischen Revolution Ursprung und Thema dieses Romans ist.
4 Hegel, *Ästhetik,* Bd. 1, S. 188.

bürgerliche Gesellschaft nicht folgenlos. Nachdem sie einmal gezwungen war, aus ihrem begrenzten privaten Bereich herauszutreten, kann sie nicht mehr fraglos zufrieden zu ihm zurückkehren. Obgleich ihre politische Öffentlichkeit letztlich durch das vereinigte Interesse der ökonomischen Privatinteressen konstituiert ist, steht sie durch ihren notwendigerweise allgemein formulierten Anspruch in Spannung und Gegensatz zur Realität des bürgerlichen Erwerbs. Gilt der Einwand, den der Bürger dem absolutistischen Staat macht: daß er abgetrennt vom gesellschaftlichen Ganzen seinen partikularen, verselbständigten Zwecken nachgehe – gilt dieser Einwand nicht ebenso der ökonomischen Tätigkeit des Bürgers selbst, dem bestimmenden Element der bürgerlichen Existenz? Arbeitsteilung, Zerstückelung und Beschneidung der individuellen Totalität haften beiden als grundsätzlicher Schaden an, der Organisation des Staates, welche die Revolution aufheben soll, wie der Produktionsweise der bürgerlichen Wirtschaft, welche diese Revolution nicht aufheben kann. So hat sich der Bürger schließlich durch die Kritik des alten Staates die Kritik seiner eigenen Gesellschaft eingehandelt. Manifest wird der Überschuß an Kritik und – ihr komplementär – an Idealität, den die Bürger in der Auseinandersetzung mit den ihnen entgegenstehenden Verhältnissen erzeugen, in Bildern, die ihr Bewußtsein »auf der Höhe der großen geschichtlichen Tragödie« halten. Da diese Bilder dem Umsturz, zu dem sie Argumente und Leidenschaften beitragen mußten, vorangegangen sind, bleiben sie different zu seinen Ergebnissen, die weder dem Argument standhalten noch die Leidenschaft befriedigen. Der Sieg hat die Grundlagen der bürgerlichen Klasse nicht verändert, sondern nur deutlicher – als politische und soziale Form – sichtbar gemacht; nun werden sie an den Wünschen, Gedanken, den heroischen Anstrengungen gemessen, ohne die jener Sieg nicht hätte gelingen können. Die Kraft, sich gegen die neue Bourgeoisie zu wenden, ziehen diese Leitbilder aus der relativen Autonomie, die das revolutionäre Bürgertum ihnen zubilligte, um seinen Kampf als allgemeinen, menschheitlichen zu rechtfertigen, und aus ihrem unbürgerlichen Inhalt, wie ihn die heroische Phase erheischte.

Daß sich die anfangs zur Begleitung des Kampfes gedachten »Ideale und Kunstformen« verselbständigen, aus der einstigen Funktion sich befreien, die Überhöhung zur Entgegensetzung nützen, hat seinen Grund in der Art, wie sie im bürgerlichen Bewußtsein gebildet worden sind. Das Ungewöhnliche des eigenen Vorhabens erscheint ihm, da das Jahrhundert keine Worte und Bilder besitzt, in denen es sich als Opfer für eine bessere Zukunft selbst aufhöbe, als Ferne der Vergangenheit, als Bild der Antike. In der geschichtlichen Distanz zwischen dem Vorbild und der Gegenwart ist die Radikalität enthalten, mit der alles, was dazwischen liegt, beseitigt werden soll – einen aufklärerischen, revolutionären Gestus verrät also bereits die Denkform, die längst Vergangenes im 18. Jahrhundert vergegenwärtigt. Zugleich legitimiert dieser Rückgriff in die frühe Geschichte das revolutionäre Ziel des Bürgertums als Wiederherstellung eines ursprünglichen Zustands, als ›Natur‹ (nicht zufällig konvergieren die Begriffe ›Antike‹ und ›Natur‹[5] – mag es auch aller historischen Logik widersprechen). Historische und ahistorische Gedankengänge verbinden sich zu dem Versuch, einen fiktiven Ursprung fiktiv zu wiederholen. Ahistorisch ist der Gedanke, Vergangenes normativ in die Gegenwart einzuführen; historischem Denken gemäß jedoch ist, wie diese Einführung motiviert wird: aus dem strikten Gegensatz der Vergangenheit zur Gegenwart, also aus einer historischen Differenz, die freilich nach Aufhebung trachtet. Darin liegt der Unterschied zur älteren tradi-

---

[5] Daß auch durch die Rückführung auf Natur bürgerliche Prinzipien (sogar die ökonomischen) heroisiert werden können, wäre am *Robinson Crusoe* zu zeigen.

tionalen Einstellung zur Antike, welche die Unvereinbarkeit im Wesen über der Adaption äußerlicher Details vergessen hatte. Solch naive Angleichung, die das 16. und 17. Jahrhundert für geglückt hielt, wird im 18. Jahrhundert fortschreitend durch ein geschichtliches Verständnis ersetzt, das die literarischen Denkmäler der Vorzeit und Vergangenheit aus der sie bedingenden Umgebung, einer gesellschaftlichen Totalität herleitet. In den homerischen Epen, der Bibel, morgenländischer Dichtung sieht es eine komplette Welt aufbewahrt. Unter dieser ›einfühlenden‹ Perspektive bedeutet die Verpflichtung auf antike Kunst, daß ein bloß ästhetischer Genuß dem Gehalt der Werke und Zeugnisse nicht gerecht wird; vielmehr muß die ihnen zugrunde liegende menschliche, soziale Realität begriffen und – soll sie Vorbild sein – aufs neue, gegen den Widerstand des eigenen Jahrhunderts heraufgeführt werden. Erst die historische Reflexion schlägt also aus dem Anachronismus der tradierten Kunst in der bestehenden Gesellschaft die Opposition zweier Welten heraus. Als verlorene und gleichwohl mögliche, in jedem Fall sehnsüchtig verglichene Alternative steht die ältere der neueren gegenüber. Der Bürger kann nur »aufblicken [...] zu jenen Geschlechtern, die in ganz entgegengesetztem Zustande gelebt hatten«.[6] Die jenen fernen Zeiträumen zugeordneten Werte: das Natürliche, Organische, Sinnliche, Selbständige, Ganze erhalten ihre Färbung aus dem lauten oder stummen Widerspruch zum Willkürlichen, Mechanischen, Abstrakten, Abhängigen, Zerstückten – Begriffe, in denen die Kritik versucht, der Gesetze und Wirkungen bürgerlicher Wirtschaft und Gesellschaft habhaft zu werden. Es definiert den Historismus nicht nur dem Inhalt nach, wenn man ihn als Erinnerung an vorbürgerliche Welten bestimmt. Erhellend verschränkt Herder das Ungenügen an der eigenen Zeit, die

6 Wilhelm von Humboldt an Goethe, 23. 8. 1804, in: W. v. H., *Briefe,* hg. von Wilhelm Rößle, München 1952, S. 262.

Idealität des längst Vergangenen und die Hoffnung, mit dem Bild der Vergangenheit die schlechte Gegenwart in eine bessere Zukunft zu leiten: »Unsre Zeit wird bald mehrere Augen öffnen: uns zeitig gnug wenigstens Idealische Brunnquellen für den Durst einer Wüste zu suchen treiben – wir werden Zeiten schätzen lernen, die wir jetzt verachten – das Gefühl allgemeiner Menschheit und Glückseligkeit wird rege werden: Aussichten auf ein höheres, als Menschlich Hieseyn wird aus der Trümmervollen Geschichte das Resultat werden.«[7] Gegenstand, Absicht und Ziel des historischen Rückblicks stimmen merkwürdig überein: er beschwört Bilder eines einstigen heroischen Lebens, damit die Gegenwart sich zu einer heroischen Anstrengung aufraffe, die eine heroisch-verklärte Zukunft, »ein höheres, als Menschlich Hieseyn« zum »Resultat« haben soll.[8]

Sobald man erkennt, daß die vorbürgerliche Geschichte im bürgerlichen Bewußtsein als Ideal und Gegensatz zu den zeitgenössischen Verhältnissen konzipiert ist, wird man zögern, der Erforschung archaischer und anderer vorbürgerlicher Kulturen im 18. Jahrhundert das Prädikat ›historisch‹

7 Herder, *Auch eine Philosophie*, S. 567.
8 So konzipiert, durchläuft der geschichtliche Prozeß Stufen, wie sie Winckelmann und Schiller in der Verklärung des Herakles entworfen haben, den Mythos derart deutend, daß Widersprüche und Dialektik der bürgerlichen Enttäuschungen und Hoffnungen in ihm Gestalt annehmen. Zur Rezeption des Herakles-Mythos im 18. Jahrhundert s. Reinhardt Habel, *Schiller und die Tradition des Herakles-Mythos*, in: *Terror und Spiel*, hg. von Manfred Fuhrmann, München 1971 (= Poetik und Hermeneutik 4), S. 265-294. Noch Carl Gustav Jochmann gebraucht in seinem Aufsatz über Robespierre – auf eine schwierige und doch präzise Weise – dieses Bild zur Deutung der Französischen Revolution: »Das sinkende Altertum hinterließ den Barbaren, unter deren Schlägen es erlag, die Sage von seiner vergangenen Größe; diese ist das Sterbegeschenk des Centauren, dessen Marter den siegenden Helden in die Flammen auf dem Öta trieb. Und wie er erst durch seine Vergötterung der Qual entrann, so werden die Überwinder der alten Welt vor der sinneverwirrenden Macht jenes Bildes der ersten Freiheit, das sie in Zwietracht und Bürgerkrieg treibt, nur Rettung finden, indem sie sich zu einer höhern Stufe der Civilisation emporschwingen.« (C. G. J., *Die Rückschritte der Poesie und andere Schriften*, hg. von Werner Kraft, Frankfurt 1967, S. 121).

zuzuerkennen. Präzis hat Novalis die Abhängigkeit des rekonstruierten Altertums von den Bedürfnissen der Gegenwart formuliert: »man irrt sehr, wenn man glaubt, daß es Antiken giebt. Erst' jezt fängt die Antike an zu entstehen. Die Reste des Alterthums sind nur die specifischen Reitze zur Bildung der Antike. Nicht mit Händen wird die Antike gemacht. Der Geist bringt sie durch das Auge hervor.«[9] Letztlich ist die historische Ferne der Antike nur Bild einer poetischen Ferne, welche reine Geschiedenheit und Gegenbildlichkeit zur bestehenden Realität meint: »es ist auch nur eine Täuschung«, schreibt Wilhelm von Humboldt, als die »Selbsttäuschungen« der Revolution schon vorüber sind, »wenn wir selbst Bewohner Athens und Roms zu sein wünschten. Nur aus der Ferne, nur von allem Gemeinen getrennt, nur als vergangen muß das Altertum uns erscheinen.«[10] Das Versprechen auf ein reales, wiederhol- und lebbares Glück, das anfangs das Interesse an den »Resten des Alterthums« motiviert hatte, wird in der nachrevolutionären Epoche als Illusion erkannt, im ästhetisch distanzierten Genuß (der sich auf die historische Distanz berufen kann) bewahrt – und eingesargt.

Vom ökonomischen Interesse der Bürger zum Problem seiner politischen Realisierung geführt, von dem dazu nötigen Rückgriff auf heroische Vorstellungen an den historischen Entwurf verwiesen, vom Geschichtsbild schließlich zu Kunst und Poesie gebracht, scheinen unsere Überlegungen von ihrer Basis abgetrieben – und fassen doch in den sublimeren Formen nur revenants des grundlegenden Widerspruchs: wie die bürgerliche Gesellschaft über ihre beschränkte Wirklichkeit hinausgelangen kann, ohne sich als bürgerliche Gesellschaft aufzugeben. Die ›Lösung‹, wie sie scheinbar unsinnig, weil konsequent, die bürgerliche Poesie formuliert, lautet: indem man die Wirklichkeit aufgibt. Es bezeichnet

9 Novalis, *Schriften*, Bd. 2, S. 640.
10 Humboldt, *Briefe*, S. 263.

Funktion und Wesen der Kunst in der bürgerlichen Gesellschaft, diese Paradoxie als Lösung auszugeben, durch ihre ästhetische Existenz allein als möglich zu behaupten. Denn will man verstehen, was den Bürgern ›Poesie‹ bedeute (›Poesie‹ ist eine bürgerliche Erfindung!), so wird man an die bislang entwickelten Widersprüche zurückverwiesen: negativ an die Verhältnisse von bürgerlicher Wirtschaft und öffentlicher Ordnung – womit Poesie nichts zu tun habe; affirmativ an Antike, heroisches Zeitalter, Natur – worin Poesie einzig gründe. Beide, Kunst und heroisches Ideal, sind Ausdruck und zugleich Widerspruch einer gesellschaftlichen Gegenwart, die sich nicht anders als widersprüchlich ausdrücken kann. Die Erkenntnis, daß die bürgerliche Perspektive auf vergangene, heroische Lebensformen poetisch sei, und die Erkenntnis, daß der bürgerliche Begriff von Poesie sich an vergangenen, heroischen Lebensformen orientiere, scheinen in einer Tautologie zusammenzufallen. Sie selber noch für Erkenntnis fruchtbar zu machen, setzt voraus, das Verwandtschaftsverhältnis zwischen der bürgerlichen Poesie und den Vorstellungen von vorbürgerlichen Zeiten genauer zu bestimmen.

Wer wie Carl Gustav Jochmann an den Grundgedanken bürgerlicher Geschichtsphilosophie festhält, muß aus ihren optimistischen Perspektiven einzig die Poesie ausschließen. Den Fortschritten der Menschheit sieht er die »Rückschritte der Poesie« korrespondieren. Der Fortschritt nimmt seinen Weg mit Hilfe jener Produktionsweise, die in einer bürgerlichen Organisation von Arbeit konsequente Gestalt hat: den »Teilungen des Geschäfts«, der Spezialisierung und Präzisierung einzelner Tätigkeiten und Erkenntnisse – und demnach auf Kosten einer ursprünglichen Poesie, die Welt und Leben in naiver, zwar falscher, doch totaler Anschauung gefaßt hatte: »Und eben die Poesie war ursprünglich dieses einzige Werkzeug, mit Hilfe dessen der einzige Gedankenkünstler, den es gab, der Dichter, für alle Bedürfnisse unsers geistigen Daseins zu sorgen hatte und gerade darum allerdings Bewundernswürdiges leistete.«[11]

Geschichtsphilosophisch lokalisiert, deckt sich Jochmanns Zeitalter ›ursprünglicher Poesie‹ mit Hegels »heroischem Weltzustand«; beiden dient das homerische Epos als Paradigma. Auch Hegel hatte den wesentlichen Unterschied der »Heroenzeit« von der Gegenwart damit bezeichnet, daß die Tätigkeit ungeteilt sei und deshalb das Getane unentfremdet dem Menschen zugehöre. Seine Bestimmung von heroischer Praxis koinzidiert also inhaltlich wie zeitlich mit Jochmanns Bestimmung von Poesie. Bereits Form und Intention der Poesie sind auf eine Ganzheit bedacht, wie sie dem (freilich nur in Literatur überlieferten, in Poesie begriffenen) Leben des Helden eigen gewesen war. Noch im »Rückschritt« lebt Poesie von der erinnernden Wiederholung ihrer heroischen Anfänge. Denn einzig das Kunstwerk besitzt unter den Produkten bürgerlicher Arbeit den Vorzug, aus dem ungeteilten, allseitigen Vermögen seines Schöpfers hervorzugehen, also den Ausdruck individueller und zugleich allgemeiner Tätigkeit zu tragen. Von hier aus wird der bürgerliche Kult des Künstlers als Schöpfer und Heros verständlich: er gilt dem Unikum, daß inmitten der allseits zerteilten, unüberschaubaren, abstrakten Geschäfte jemand ein ganzes, menschliches, sinnliches Werk herstellt, als Einzelner, als Genie vollbringt, was einst der »allgemeine Weltzustand« jedem erlaubt hatte.

Die gegenbürgerliche, heroische Thematik ist der bürgerlichen Literatur also nicht ein Inhalt neben anderen, sondern reflexives Bild der Bedingungen ihrer Möglichkeit. In der leuchtenden Gestalt des Helden scheint die gebrochene Situation der Kunst im bürgerlichen Zeitalter auf und in ihr wiederum das Gebrechen des Zeitalters selbst. Aus dem Befund, daß die Kunst, der das heroische Zeitalter das ange-

---

11 Jochmann, *Rückschritte der Poesie*, S. 134.

messenste gewesen sei, in den »Vermittlungen der bürgerlichen Gesellschaft« »viel Hinderliches« finde, erschließt Hegel das Unbefriedigende des individuellen Daseins in dieser Gesellschaft: »Was es für sich selber braucht, ist entweder gar nicht oder nur einem sehr geringen Teile nach seine eigene Arbeit, und außerdem geht jede dieser Tätigkeiten statt in individuell lebendiger Weise mehr und mehr nur maschinenmäßig nach allgemeinen Normen vor sich. Da tritt nun mitten in dieser industriellen Bildung und dem wechselseitigen Benutzen und Verdrängen der übrigen teils die härteste Grausamkeit der Armut hervor, teils, wenn die Not soll entfernt werden, müssen die Individuen als reich erscheinen, so daß sie von der Arbeit für ihre Bedürfnisse befreit sind und sich nun höheren Interessen hingeben können. In diesem Überfluß ist dann allerdings der stete Widerschein einer endlosen Abhängigkeit beseitigt und der Mensch um so mehr allen Zufälligkeiten des Erwerbs entnommen, als er nicht mehr in dem Schmutz des Gewinns steckt. Dafür ist er nun aber auch in seiner nächsten Umgebung nicht in der Weise heimisch, daß sie als sein eigenes Werk erscheint. Was er sich um sich her stellt, ist nicht durch ihn hervorgebracht, sondern aus dem Vorrat des sonst schon Vorhandenen genommen, durch andere, und zwar in meist mechanischer und dadurch formeller Weise produziert und an ihn erst durch eine lange Kette fremder Anstrengungen und Bedürfnisse gelangt.«[12]

Das Bild der heroischen Existenz liefert der Kritik den Hintergrund, vor dem sich die Wirkung der kapitalistischen Ökonomie, das Geheimnis der bürgerlichen Gesellschaft abhebt: Entfremdung. In der Kunst vergegenständlicht sich die Sehnsucht des unbefriedigten Individuums; der »Prosa der Verhältnisse« tritt die »Poesie des Herzens« gegenüber. Sie erfindet und bedeutet eine »Umgebung«, in welcher das

---

12 Hegel, *Ästhetik*, Bd. 1, S. 255 f.

Individuum quasi-heroisch »in der Weise heimisch« werden kann, als ob sie »sein eigenes Werk« sei. Daß sich in ihr das Ambiente eines anderen Lebens gibt, macht Eigenart und Aura dessen aus, was der Bürger »Poesie« nennt. Die Negativität der bürgerlichen Gesellschaft, wie sie deren eigene Theorie ausspricht, hat ihr Komplement in der Positivität der Poesie: »Es ist ein schönes Verdienst der modernen Poesie, daß so vieles Gute und Große, was in den Verfassungen, der Gesellschaft, der Schulweisheit verkannt, verdrängt und verscheucht worden war, bei ihr bald Schutz und Zuflucht, bald Pflege und eine Heimat fand.«[13] Hier tut sich dem »eine Heimat« auf, der nicht einmal »in seiner nächsten Umgebung [...] heimisch« werden konnte. Die »moderne Poesie«, die bürgerliche Kunst sollen sich außerhalb der materiellen Grundlagen der sie tragenden Gesellschaft halten, außerhalb der bürgerlichen Nützlichkeit und Rationalität, die für die ›Entpoetisierung‹ des Lebens, die Zerstückelung des Menschen verantwortlich gemacht wird. Daß die »moderne Poesie« vom allgemeinen gesellschaftlichen Unglück ausgenommen sei, sogar als dessen Kompensation wirken könne, ist nur denkbar, wenn sie nicht unmittelbares Produkt der Gegenwart ist, sondern ihr Grund Jahrtausende früher, ja am Ursprung der Menschheit überhaupt liegt. Deshalb konvergiert Friedrich Schlegels zitierte Bestimmung der »modernen Poesie« mit dem Interesse, das er bei der Lektüre griechischer Dichtung als wirksam erkennt: »ein unzufriedner Bürger unsres Jahrhunderts kann leicht in der griechischen Ansicht jener reizenden Einfalt, Freiheit und Innigkeit [der ›Homerischen Welt‹, der ›Heldenzeit‹] alles zu finden glauben, was er entbehren muß.«[14]

In eben dem Augenblick, da die bürgerliche Revolution der

---

13 Friedrich Schlegel, *Über das Studium der griechischen Poesie,* in: F. S., *Kritische Schriften,* S. 122.
14 Ebd., S. 215.

Ökonomie und des Denkens: Kapitalismus und Aufklärung, alle vorbürgerlichen Traditionen tendenziell beseitigt, rettet das historische Bewußtsein – ebenfalls ein Produkt der bürgerlichen Revolution – alles faktisch Entwertete und Versinkende für Verständnis und Vorstellung. Aus zeitgenössischen Bedingungen konstituieren sich also im bürgerlichen Bewußtsein Inhalte, die quer zu diesen Bedingungen selbst stehen und damit das Bewußtsein über seine Bedingungen hinaustreiben. Der Vergegenwärtigung des Fernen korreliert die Negation des Nahen. Erst diese Dialektik des historischen Denkens verwandelt die frühe Literatur in ›Poesie‹, ein nichtbürgerliches in ein antibürgerliches, d. h. mit bürgerlichen Kategorien begriffenes Phänomen: in Überschuß und Widerspruch.

In der nahegebrachten Ferne der Antike und anderer, ihr analog gedachter Ursprünge ist bürgerliche Heroik in einer zeitlichen Metapher ausgedrückt; räumlich stellt sie sich als ›Erhebung‹ dar. Wiederum bietet der Umgang mit der Kunst das Grundmodell[15]: »Der menschliche Geist befindet sich in einer herrlichen Lage wenn er verehrt, wenn er anbetet, wenn er einen Gegenstand erhebt und von ihm erhoben wird; allein er mag in diesem Zustand nicht lange verharren, der Gattungsbegriff ließ ihn kalt, das Ideale erhob ihn über sich selbst; nun aber möchte er in sich selbst wieder zurückkehren, er möchte jene frühere Neigung, die er zum Individuo gehegt, wieder genießen, ohne in jene Beschränktheit zurückzukehren, und will auch das Bedeutende, das Geisterhebende nicht fahren lassen. Was würde aus ihm in diesem Zustande werden, wenn die Schönheit nicht einträte und das Rätsel glücklich löste!«[16]

---

[15] Die zentrale Bedeutung der Erhebung in der bürgerlichen Kunstkonzeption geht auch aus den Interpretationen Karl Pestalozzis hervor (*Die Entstehung des lyrischen Ich. Studien zum Motiv der Erhebung in der Lyrik*, Berlin 1970), obwohl sie den sozialgeschichtlichen Kontext ihrer Gegenstände kaum bedenken.

[16] Goethe, *Der Sammler und die Seinigen*, Gedenkausg., Bd. 13, S. 297.

Ehe die Kunst »das Rätsel glücklich« löst, hat die Erhebung eine problematische Vorgeschichte durchlaufen. Zunächst schien sie den »menschlichen Geist [...] in eine herrliche Lage« zu bringen, die aber in Rückfall und Resignation wieder abgebaut wurde. Goethe verrät, was die Ziele der ersten Erhebung gewesen waren: »der Gattungsbegriff«, d. h. die ›Menschheit‹, konkreter: die Gesellschaft (zu erschließen aus dem Kontrast zum folgenden Begriff des »Individuums«) und »das Ideale«, d. h. die bestmögliche Gestalt der menschlichen Gesellschaft. Damit ist die politische Phase der bürgerlichen Emanzipation im 18. Jahrhundert umrissen, Haltung und Idee der revolutionären Erhebung charakterisiert. Nachdem sie in ihrem »Gattungsbegriff«, d. h. in ihren menschlichen Zielen notwendig gescheitert ist – notwendig, weil die Konsequenzen des politischen Ideals seine ökonomischen Grundlagen: die bourgeoise Eigentumsordnung hätte zerstören müssen –, kehrt der citoyen ins Privatleben zurück, genießt wieder »jene frühere Neigung [...] zum Individuo« und seinen individuellen Besitz. Ein Erinnerungszeichen an seine einstige Größe soll jedoch seinen praktischen Egoismus verklären, das beschränkte Resultat mit der allgemeinen Absicht legitimieren. Solche Dauer zu gewährleisten, ist nun Aufgabe der Kunst. In ihr bleibt der heroische Kontur, durch ästhetische Autonomie vor den lästigen Fragen einer veränderten Zeit bewahrt, dem genießenden Bürger als ungefährliche Alternative gegenwärtig. Zu ihr kann er sich erheben, ohne die politischen Gedanken weiterzudenken, die einstmals diese ›hohe‹ Kunst ins Leben gerufen hatten. Selbst wenn seine poetische Erhebung zu Ende geht, er zum prosaischen Geschäft zurück muß, ist ihm die Ewigkeit des Kunstwerks, der er nur für einen Moment teilhaftig werden konnte, gesichert – es ist ›klassisch‹ geworden. In der ästhetischen Erhebung ist die historische Bewegung der bürgerlichen Gesellschaft zum Stillstand gekommen. Wo es einmal »des Heroismus bedurft« hatte, um die bestehende Realität aufzuheben, genügt es jetzt, daß eine heroisch verklärte Kunst über einer Realität, die sich auf Bestand eingerichtet hat, als etwas ›Höheres‹ angesiedelt ist. Es kennzeichnet die »affirmative Kultur« des Bürgertums, daß sie nur eine edlere, keine bessere Welt entwirft.[17] Genießend wird der kunstliebende Bürger zum Helden und Halbgott. »In ihrer höchsten Erfüllung gedacht«, führt die ästhetische Erziehung, die Verklärung des Herakles wiederholend, »zu dem Begriff der Gottheit zurück.«[18]

Diese scheinhafte Region einer ›höheren‹ Kunst nimmt in Deutschland den täuschenden Charakter von Wirklichkeit an: Weimar. Hier hat sich der Antikenkult, dem in der Französischen Revolution – wie Marx an der eingangs zitierten Stelle zeigt – eine exakte, darum aber vorübergehende Funktion zugekommen war, zu einer ästhetischen Haltung verfestigt. Gerade der Mangel an politischer Praxis bringt in Deutschland die Illusion eines größeren, heroischen Lebens, die in Frankreich das politische Ziel zu rechtfertigen hatte, zu selbständiger Gestalt: das Ideal macht seinen Ursprung aus der Ideologie vergessen. In der Sphäre der Kunst behauptet es Autonomie und Dauer, als die politische Wirklichkeit bereits zu unheroischen Geschäften übergegangen ist. Zu dieser ›reineren‹ Haltung berechtigt die sozialgeschichtliche Eigentümlichkeit, daß der in Deutschland dominierende Typ des Bürgers: der Beamte und Gelehrte, sich von bourgeoisen ökonomischen Interessen weitgehend frei weiß. Ideen und Ideale der bürgerlichen Revolution, an der er nicht unmittelbar beteiligt ist, kann er darum konsequenter, ohne ideologische Ausflüchte zu Ende denken

---

17 Vgl. zur Thematik dieses Abschnitts: Herbert Marcuse, *Über den affirmativen Charakter der Kultur*, in: H. M., *Kultur und Gesellschaft*, Bd. 1, Frankfurt 1965, S. 56-101, hier: S. 71.
18 Schiller, *Über die ästhetische Erziehung des Menschen*, Sämtl. Werke, Bd. 18, S. 44 (Elfter Brief).

(weshalb die Ideengeschichte der deutschen Philosophie – von Kant über Fichte und Hegel zu Marx – nicht zufällig mit der Affirmation des Bürgertums beginnt und mit der Negation der Bourgeoisie endet). Da Klassik und Idealismus als Poesie und Gedanke festhalten, was anderswo Praxis und Prozeß gewesen war, müssen sie das Poetische und Gedankliche, »die Ideale und die Kunstformen«, aus der geschichtlichen Bewegung herauslösen. Deshalb wird aus der Differenz, die in Frankreich das heroische Bild wie alle Ideologie von der tatsächlichen Praxis des Bürgertums scheidet, in Deutschland der schroffe Gegensatz, mit dem ein unbürgerliches Ideal einer bürgerlichen Gesellschaft entgegentritt, die solche Praxis nicht einmal versucht hat. Diesen Gegensatz mildert jedoch, daß er als ästhetische Grenze zwischen zwei Wirklichkeiten interpretiert wird, zwischen einer höheren Wirklichkeit der Kunst, die in Weimar alle Definitionsstücke von Realität vorzuweisen scheint: Ort, Zeit, Individuen, Gesellschaft – und einer niederen Wirklichkeit der übrigen Bürger, die als verehrendes Publikum gleichwohl jener höheren Welt zugeordnet sind. Bereits der Abstand, die Perspektive von unten umgibt die verklärte Elite auf dem Gipfel mit dem Schein einer heroischen Existenz, würde sie ihn nicht durch die Inhalte ihrer Dichtung und die Restauration des hohen Stils explizit bestätigen.

Aber selbst Weimar benötigt ein soziales Milieu, das den ästhetischen Anspruch praktisch einlöst. Der Widerspruch der bürgerlichen Kunst wird daran sichtbar, daß sie ihren Höhepunkt außerhalb, oberhalb der bürgerlichen Welt erreicht, am Hof. Weimar vereinigt zwei vorbürgerliche Elemente: die Antike als Gesinnung, die Aristokratie als Bedingung. Es trifft einen Sachverhalt, daß Jean Paul im *Titan* die Konstellationen der führenden deutschen Geister im heroischen Bild des Fürstenhofes verschlüsselt hat. Auch die Rede vom ›Dichterfürsten‹ ist mehr als bloße Metapher:

mit Adelsprädikaten versehen, lebt in Weimar der höhere Bürger im Schein der Feudalität. Doch muß man der naheliegenden Annahme widersprechen, die »Forderung, die die Klassik an das deutsche Bürgertum gestellt hat«, habe gelautet: »Versöhnung mit dem Feudalismus durch ästhetische Erziehung und im Kult des schönen Scheins.«[19] Denn die klassischen Werte haben das politische und ökonomische Ende des Feudalismus überdauert; sie setzen vielmehr den Anfang von diesem Ende voraus, das erst die feudale Erbschaft freigab und sie von einer sozialen in eine ästhetische Qualität verwandelte.[20] Ein wirklicher Adeliger und Verklärer des Feudalismus wie Novalis muß deshalb das klassische Beispiel des bürgerlichen Romans mit aristokratischen Zügen, den *Wilhelm Meister*, kritisieren: »Im Grunde kommt der Adel dadurch schlecht weg, daß er ihn zur Poesie rechnet.«[21] Die Poetisierung des Adels zeigt das Schwinden seiner realen Macht an, die Überlegenheit der bürgerlichen Perspektive. Nicht Versöhnung mit der alten Klasse, sondern Offenlegung und zugleich Bekleidung der bürgerlichen Blößen ist der sozialgeschichtliche Sinn der aristokratischen Gesten in Weimar. Daß sie eher der Poesie als der realen Geschichte zugehören (nur durch jene vermittelt wiederum dieser: aber nun der bürgerlichen Geschichte), nähert sie den Vorstellungen von der Antike an: beide sind Inhalte des bürgerlichen Bewußtseins, das zu den ersten und letzten Formen der vorbürgerlichen Welt zurückgreift, um sich über die bürgerlichen hinwegzuhelfen. Nicht der politische Einfluß (den die Aristokratie ja seit langem, seit der Entstehung

---

19 Walter Benjamin, *Der eingetunkte Zauberstab. Zu Max Kommerells »Jean Paul«*, in: W. B., *Angelus Novus*, Frankfurt 1966, S. 499.
20 Daher kann Hegel das »Idealische neuerer Zeit« als Surrogat aristokratischer Privilegien kritisieren, als »eine Art der Gewalt, die das Subjekt sich antut, um sich über diesen Kreis [der Äußerlichkeit] durch sich selber hinauszusetzen, wenn es nicht durch Geburt, Stand und Situation schon an und für sich darüber hinweggehoben ist.« (*Ästhetik*, Bd. 1, S. 241.)
21 Novalis, *Schriften*, Bd. 3, S. 647.

des absolutistischen Systems immer mehr schwinden sah), sondern die Lebensform fasziniert das Bürgertum an seinem einstigen Gegner. Gerade daß er von der politischen Macht abgedrängt ist – wie von der bürgerlichen Arbeit ausgeschlossen –, erlaubt es, ihm ein »Sein«, eine ästhetische, rein menschliche Existenz zuzudenken und darin eine Kontinuität der ursprünglichen Heroik zu entdecken. Das Leben der »höheren Stände« bietet »noch etwas dem Heldenalter gleichsam Ähnliches« und deshalb den geeigneten Stoff zur Poesie.[22] In der Negation der bürgerlichen Welt, im Mangel eines bestimmten, spezialisierten Berufs, im Unnützen seiner Existenz weckt der Adel Erinnerungen an die ›poetische‹ Totalität der archaischen Helden. Diese aristokratische Berufs- und Nutzlosigkeit erbt der bürgerliche Romanheld – ein weiterer Beweis für den poetischen Charakter der Perspektive, die an der zweideutigen Gestalt des Aristokraten den von ihm selbst genährten Schein des Heroischen und zugleich die Situation des modernen Bürgers wahrnimmt und als Widerspruch zum bürgerlichen Standort darstellt.[23] Adel und Antike konvergieren also in einem einzigen Bild, weil sie beide aus *einer* Perspektive entworfen sind: aus der bürgerlicher Selbstkritik.

Fragmente einer vorbürgerlichen Welt entziffernd, entdeckt die bürgerliche Gesellschaft ihr Unglück. Da ihr Bewußtsein weiter ist als ihre Realität (weiter sein muß, um die Innova-

---

22 Wilhelm von Humboldt an Karoline, 6. 4. 1797 (*Briefe*, S. 160), anläßlich eines Besuchs bei Goethe, der ihm den Plan eines epischen Gedichts vorträgt, der erst viel später (1827) in der *Novelle* Wirklichkeit wird. An diesem Plan, der darstellen sollte, wie das Jagdgefolge eines Erbprinzen (1797!) ausgebrochene Tiere bekämpft, wird allerdings die Möglichkeit sichtbar, die der Revolution entstammenden heroischen Bilder auf Ziele der Konterrevolution zu übertragen.

23 Aufschlußreich ist, wie in Justus Mösers Aufsatz über das Faustrecht: *Der hohe Stil der Kunst unter den Deutschen* (*Patriotische Phantasien*, Bd. 1, LIV) Heroisierung der mittelalterlichen Ritter, Poetisierung und Aufwertung des vergangenen Feudalismus, Kritik der Gegenwart und Entwurf eines »hohen Stils« in Kunst und Leben ineinander greifen.

tionen zu denken, ohne welche Expansion, das Lebensgesetz der kapitalistischen Ökonomie, nicht möglich wäre), führt es in den Bildern fremder und vergangener Zeiten, die gerade die bürgerliche Geschichtswissenschaft als different von der Gegenwart zu begreifen beginnt, Alternativen zur bestehenden Verfassung mit sich. Diese Bilder geben einen archimedischen Punkt ab, von dem aus eine Kritik der bürgerlichen Gesellschaft in toto formuliert werden kann. Der historische und poetische Überschuß vorbürgerlicher Stoffe und Gehalte im bürgerlichen Zeitalter realisiert sich als Kritik, indem er sie befähigt, dieses Zeitalter selbst als historisch und transitorisch einzuschätzen. Der ›Bürger als Held‹ bezeichnet die Möglichkeit, den Bürger aufzuheben. Bildungs- und Fortschrittsidee, ästhetische Erziehung und Geschichtsphilosophie eint der Gedanke, daß der Hiatus zwischen dem Bürger als Bourgeois und dem Bürger als Helden im historischen Prozeß überbrückbar sei; was jener jetzt nicht ist, soll er noch werden. Was den Aufstieg der bürgerlichen Gesellschaft unabdingbar begleitet – Aufklärung, um die Irrationalität vorkapitalistischer Lebensformen zu beseitigen; reflexives Bewußtsein, um die Chancen erweiterter Produktion abzuschätzen; Kritik, um auf dem Markt die beste Ware zu wählen – all dies dient zum Vehikel und zur Erkenntnis der Krise, in der sich die bürgerliche Gesellschaft findet, kaum daß sie sich durchgesetzt hat. Sie ist die erste, welche über ihre eigenen Bedingungen und Wirkungen nachdenkt, die erste, die sich zu sich selbst ins Verhältnis setzt und deshalb sogar ihre Überwindung erwägen kann. Kritik und Verklärung sind die extremen Resultate dieser Reflexion. Im Bild des ›Bürgers als Helden‹ sind sie widersprüchlich verklammert.

Das kritische und das ideologische Moment am bürgerlichen Kunstbegriff berühren sich, weil sie in ihm einen gemeinsamen Grund besitzen: den Entwurf des Ideals. Beide nähren sich von der Differenz zwischen dem Versprechen, das die zur Herrschaft drängende Klasse der allgemeinen ›Menschheit‹ glaubhaft abgeben mußte, und der erreichten Wirklichkeit, die keine historische, sondern nur noch eine ästhetische Überschreitung verträgt. D. h. die historische Differenz zwischen bürgerlichem und allgemeinem Interesse wird als ästhetische Differenz ausgegeben, als ewiger, prinzipieller Unterschied, der zwischen der (bürgerlichen) Wirklichkeit und dem (poetischen) Ideal bestehe, ja das Wesen von Kunst erst begründe. Uneingedenk ihres gemeinsamen, dialektischen Ursprungs im geschichtlichen Prozeß des 18. Jahrhunderts sollen sich die beiden Welten in klassischer Ruhe gegenüberstehen.

In einem zweiten Schritt eignet sich der Bürger sogar seinen eigenen Gegensatz als Besitz und Privileg zu. Denn nur ihm ist Kunst zugänglich, zu deren Verständnis es einer ›höheren‹ Bildung bedarf. Durch seinen ökonomischen Vorsprung ihm ermöglicht, legitimiert Bildung ihrerseits diesen ökonomischen Vorsprung – gerade indem sie von einem ›Höheren‹ handelt, dessen Aneignung nicht aus der ökonomischen Stellung, sondern aus der Natur des Gebildeten zu erklären sei, so daß seine soziale Herrschaft ebenfalls als Produkt der Natur, nicht der Wirtschaftsgeschichte erscheint. Da sie sich auf ein Sein, nicht auf Leistung beruft, folgt bereits die bürgerliche Rezeption von Kunst einer aristokratischen Vorstellung – die sich im heroischen Gehalt dieser Kunst niederschlägt und verdoppelt. Kunst nobilitiert den Bürger; in der ästhetischen Bildung gewinnt er das Anrecht, sich als Mitglied einer höheren Klasse auszuweisen. Indem die Kunst bewahrt, was der Geschichte des Bürgertums zu verwirklichen mißlang: die Idee einer besseren, höheren Existenz, kann sie als Ersatzleistung vorgezeigt werden. Die Dauer einer ästhetischen Leistung untermauert, verewigt ein (nicht bestehendes) historisches Recht. Rezeption und Fortdauer der bürgerlichen Kunst aus jener ›heroischen‹ Epoche ermöglichen also den ideologischen Rückgriff auf ein heroisches Bild und damit die Legitimation der bestehenden Klassenverhältnisse als Resultat einer heroischen Superiorität. Im ›Bürger als Helden‹ gerinnt der Ursprung der bürgerlichen Welt zum Mythos. Auf dem Umweg über eine bürgerlich-heroische Kunst hat also der citoyen des 18. Jahrhunderts der Refeudalisierung der Bourgeoisie im 19. Jahrhundert vorgearbeitet. Unverhüllt zeigt sich an der Monumentalität, in welche die ästhetische Selbstdarstellung der späteren Epoche gerät, der Vorteil, der sich aus dem Motiv des ›Bürgers als Helden‹ ziehen läßt: seine Größe, sein Heroismus werden jetzt als Herrschaftszeichen der siegreichen Klasse gebraucht.[24] Ein identisches Bild also – der Bürger als Held – hat dem Aufstieg des Bürgertums, der Kritik an ihm, der Flucht aus ihm und seiner Etablierung gedient. Die komplexen, widersprüchlichen und doch konsequenten Aspekte dieses Bildes sind durch die komplexe, widersprüchliche und doch konsequente Geschichte der bürgerlichen Gesellschaft hervorgetrieben – deren eigene Darstellung, Interpretation und Kritik ohne solch ein Bild nicht denkbar wäre.

2

Gegen den hier unternommenen Versuch, ästhetische Besonderheit und Leistung einzelner Werke aus Spannung und Bezug zu ihren gesellschaftlichen Grundlagen zu verstehen, wird die herrschende Theorie der Literaturwissenschaft methodischen Einspruch anmelden: »Während Interpretation den Text aneignet, stellt die historische Erklärung

---

[24] Die Fortführung der Monumentalität und die Wiederbelebung heroischer Ideologien in der späten Krisenform der bürgerlichen Gesellschaft, im Faschismus, seien hier nur vermerkt, ohne dem Grund des gravierenden Funktionswandels (dem dennoch Kontinuität nicht fehlt) weiter nachzugehen.

seine Fremdheit heraus.«[25] Die bewußte Vernachlässigung des Gegensatzes Verstehen – Erklären[26] in den vorangegangenen Kapiteln, ihre Praxis, in der Interpretation eines Textes das Fremde, in seiner Genese das Vertraute zu fassen, müssen begründet werden.

Unmittelbar ›den Text anzueignen‹, wollte bei keinem der drei Werke gelingen. Abweichung von dem, was ein bürgerlicher Roman erwarten läßt (*Titan*), Unzulänglichkeit der üblichen Auslegungen (*Der Bräutigam*), Zweideutigkeit der ›Aussage‹ (*Minna von Barnhelm*) – in allen Fällen mußte gerade die Interpretation die Fremdheit ihres Gegenstandes eingestehen, in den zunächst, d. h. textimmanent unauflösbaren Unstimmigkeiten dennoch seine eigentliche Bedeutung vermuten. Wo die Texte selbst zur Versöhnung rieten, eine harmonische Lösung anboten, durfte die Interpretation, wenn sie das Ausmaß der angeblich versöhnten Widersprüche richtig abgeschätzt hatte, desto mißtrauischer sein und zwischen den anfänglichen Widersprüchen und ihrer Versöhnung einen erneuten Widerspruch bloßlegen. ›Versöhnung‹ kann – versteht man sie skeptisch als Kompromiß, nicht emphatisch als höhere Einheit – den Ausgangspunkt abgeben für die Erkenntnis einer gestuften Reihe von Widersprüchen im Werk: hält sie doch im Akt des ästhetischen Ausgleichs noch fest, daß hier etwas auszugleichen ist, dessen faktische Divergenz unerträglich geworden war. Der

---

25 Karl Pestalozzi, *Möglichkeiten und Grenzen einer Wissenschaft*, in: Gerhard Kaiser u. a., *Fragen der Germanistik*, München 1971, S. 90.
26 Es fällt auf, daß Pestalozzi die Grenze zwischen Verstehen und Erklären, die herkömmlicherweise zwischen geisteswissenschaftlichem und naturwissenschaftlichem Verfahren gezogen wird, in den Unterschied von textimmanenter und historischer Methode legt (die sonst beide den ›verstehenden‹ Disziplinen zugezählt werden). Dahinter steckt die Absicht, durch einen gravierenden, methodischen Einschnitt die Autonomie des Kunstwerks und die Begrenztheit eines interpretativen Verfahrens wissenschaftstheoretisch abzusichern. Historisch-soziologische Ansätze sollen als zunächst ›sachfremd‹ distanziert und in den Vorhof der eigentlichen Erkenntnis verwiesen werden.

ästhetische Formprozeß gewinnt demnach seine Energie aus einer außerästhetischen Disproportion. Es zeichnet gerade das historisch bedeutende Werk aus, daß es den Widerstand gegen seine eigene Lösung zur Erscheinung bringt. Jene Einheit und Harmonie, welche die meisten Interpretationen als oberste ästhetische Qualität voraussetzen und deshalb zum Beweisziel ihrer Anstrengung nehmen, ist eher Indiz des Konventionellen und Trivialen, von Kunstwerken also, die ihren Vorbildern nur die Lösung, nicht die Leistung abgemerkt haben. Diese Leistung aber enthält beides: die Aufgabe, die vorlag, und die Lösung, die versucht wurde. Doch die grundsätzliche Differenz, in der das Kunstwerk zur Realität steht, schließt aus, daß die Lösung – weil sie, um zu überzeugen, letztlich die Lösung realer Widersprüche bedeuten müßte – je gelingen kann. Im Mißlingen, im halben Gelingen bringt sich die Macht der realen Verhältnisse zur Geltung – genau an dem Punkt, an dem das Kunstwerk diese Macht zu mildern, in Form zu verwandeln trachtet.

Den formalistischen Schulen stellt sich das einzelne Werk ahistorisch dar, als sich selbst stabilisierendes System; der Rückgriff auf Gesellschaftsgeschichte, den die fortgeschrittensten Richtungen darunter (etwa der tschechische Strukturalismus) nicht verbieten wollen, scheint ihnen erst nötig und möglich, sobald der historische Vergleich mehrerer Werke nach den Gründen der literarischen Evolution fragen läßt. Bewußt von dieser zweiphasigen Strategie abweichend, haben wir bereits das Einzelwerk als geronnene historische Problemlage, als eingemeindeten gesellschaftlichen Widerspruch gefaßt; einzig sozialgeschichtliche Interpretation vermochte den Sinn der Texte zu entziffern. Problematisch bei solchem Vorgehen ist, wie gerade das Individuelle eines Werks gewahrt und begriffen werden soll, sofern man es in der unvermeidlich generalisierten Gesellschaftsgeschichte fundiert. Jede soziologische Werkinterpretation droht an dem kategorialen Dilemma zu scheitern, etwas Besonderes durch Rückführung auf etwas Allgemeines verstehen zu wollen.[27] Zu vermeiden ist es nur, wenn man die ›Basis‹ nicht als Materialisation eines transzendentalen Subjekts denkt, nicht als apriorischen Sachverhalt, der – von substantiell anderer Beschaffenheit – dem Individuum vorausliege, sondern als dessen Lebenspraxis, die zunächst subjektiv erfahren und perspektivisch dargestellt wird. Das ›Allgemeine‹ stellt sich erst in dem Maße her, wie sich die individuellen Bilder auf Kommunikation und Konsens ausrichten, untereinander vergleichen und ausgleichen. Eine gültige Darstellung des Allgemeinen, der gemeinsamen gesellschaftlichen Grundlagen – das, was Lukács durch »Widerspiegelung« erbracht sah – ist allerdings nicht einmal von der konsentierten Sprache der Zeitgenossen zu erwarten. Es ist der aus der geschichtlichen Distanz erwachsene Vorteil des Literaturhistorikers, daß er an den vergangenen Sprachzeugnissen nicht allein ihren Ausdruck zu dechiffrieren vermag, sondern ebenso: was nicht in ihnen zum Ausdruck kommt und dennoch als Verzerrung des Ausdrucks in ihnen präsent ist. Anhand der Widersprüche in einem Text und der Widersprüche zwischen mehreren Texten erschließt er die Genese der Widersprüche: die gesellschaftliche Praxis, welche die Individuen betreiben, ohne daß sie ihrer mächtig oder ausreichend bewußt sind. Gerade ihre Mißverständnisse, Einseitigkeiten, Ideologien, Schematisierungen, Poetisierungen vermitteln dem Werk ästhetische Besonderheit bis in die Details. Die hinter der poetischen Versöhnung lesbare Ver-

---

[27] Pragmatisch fruchtbar, doch theoretisch unbefriedigend ist es, wenn Lukács die besondere Leistung einzelner Werke erfassen will, indem er deren historische Basis spezifiziert. Für das Verständnis von *Wilhelm Meisters Lehrjahren* etwa differenziert er ihr soziales Substrat, die bürgerliche Gesellschaft, durch ihre Verspätung in Deutschland, ihre feudalen Reste, den Hof als Ort der Integration, die Zeit der Französischen Revolution etc. Methodisch läuft dieses Verfahren, obwohl es sozialgeschichtlich argumentiert, den biographischen Erklärungsversuchen einer älteren Literaturwissenschaft durchaus parallel.

zerrung ist also gleichzeitig Garant der Individualität eines Werkes (wie es verzerrt) und Indiz seiner sozialhistorischen Bedingtheit (in der sich die Verzerrung auflösen läßt: als Richtigstellung und als Grund, weshalb das Richtige im Werk selbst nicht getroffen werden konnte).

Ästhetische Leistung und geschichtliche Praxis so nahe zueinander zu stellen, bedeutet nun nicht, daß Literatur mit Hilfe soziologischer Methoden und allgemeiner historisch-ökonomischer Kenntnisse am besten zu interpretieren wäre. Wegen der vorschnellen Zuordnung eines mehr erhofften als bewiesenen Inhalts zu Verfahren, die außerhalb der literaturwissenschaftlichen Disziplin und ohne Rücksicht auf ihre speziellen Probleme entwickelt worden sind – wegen dieses kurzen Wegs zwischen Kunstwerk und Sozialgeschichte enttäuschen die meisten literatursoziologischen und materialistischen Interpretationen. Sie finden im Ästhetischen das Gesellschaftliche unvermittelt wieder, verfallen also einem Vorurteil. In Wirklichkeit gehen die gesellschaftlichen Konflikte, die historischen Bedingungen auf eine solche Weise ins Kunstwerk ein, daß sie gerade für eine unmittelbare soziologisch-historische Analyse unsichtbar werden (die sich dann an der ›progressiven‹ oder ›reaktionären‹ Gesinnung des Inhalts schadlos hält). Die Interpretation darf nicht übersehen, daß diese Konflikte sich gerade nicht gesellschaftstheoretisch und -kritisch darstellen, sondern literarisch, ästhetisch. Sie müssen sich ästhetisch strukturieren, in Reflexion und Imagination umsetzen, d. h. literaturwissenschaftlich exakter gefaßt: sie müssen die Systemgesetze der literarischen Formen und Traditionen respektieren, auch wenn diese zugunsten neuer historischer Intentionen verändert werden sollen. Nur so verfällt die Interpretation nicht dem Trugschluß der Unmittelbarkeit, der konventionelle und fiktive Elemente naiv als Abbild irgendwelcher Wirklichkeit liest. Die Vergewisserung über den Traditions- und Fiktionsbestand von Literatur ist notwendig, um auf diesem

Hintergrund Relevanz und Tendenz historischer Abweichungen deuten zu können. Ökonomisch-soziale Prozesse setzen sich also einzig in der Steuerung und Auswahl *ästhetischer* Möglichkeiten durch (die wiederum vom Stand des überlieferten Systems abhängen). Ökonomisch-soziale und ästhetische Phänomene können nur in den Grenzen der durch ihre Vorgeschichte abgesteckten und schon immer gegeneinander differenzierten, relativ selbständigen Gesetzmäßigkeiten und Möglichkeiten aufeinander einwirken. Auf solcher Einsicht fußt das gattungspoetische Verfahren der vorausgegangenen Kapitel: um die historische Bedeutsamkeit der analysierten Werke auszumachen, war es unumgänglich, zunächst den literarhistorischen Stellenwert ihrer Veränderungen gegenüber dem in Gattungen konventionalisierten Erwartungshorizont zu bestimmen (unter ›Gattung‹ verstehen wir also das durch Dichtart und literarhistorischen Entwicklungsstand vorgegebene Erwartungsschema). Wo sich Neuerungen, Überraschungen in der Struktur des Werkes, gar – falls sie erfolgreich und folgenreich sind – im literarischen System feststellen lassen, die nicht von der Varianzbreite der traditionellen Spielregeln gedeckt sind: da ist der Interpret zur Rekonstruktion eines außerliterarischen Vorgangs als Grund der literarischen Verformung gezwungen. Heftigkeit, Inhalt und Sinn der Abweichung müssen ihm die Richtung weisen. Werden allerdings, wie seit der Entstehung bürgerlicher Dichtung, Gattungsschemata durch die selber konventionalisierte Verpflichtung auf ›Erlebnis‹ und ›Realismus‹ tendenziell aufgehoben, so kann auch die unerwartete Konstanz hergebrachter Formen und Motive (in unserem Fall: der Rückgriff auf vorbürgerliche Poesie, heroische Bilder und aristokratische Ideale) sozialgeschichtlich relevant sein. Die Bewußtheit des Rückgriffs zerstört dabei die scheinbar gewahrte Kontinuität und fördert am schlicht Vergangenen interpretierte Vergangenheit zutage, um mit ihr die Gegenwart zu kontrastieren oder zu versöhnen, so daß jene selber Funktion der Gegenwart, Dokument historischen Wandels wird.[28]

Die im zweiten Kapitel unternommene Analyse von Goethes *Bräutigam* soll die hier entwickelte Theorie exemplifizieren und dadurch selbst theoretisch unterbaut werden. Die harmonische und doch harte Wendung des Gedichts von der Verzweiflung zur Befriedigung erzwang die Frage, mit wessen Hilfe sie glücken konnte. Eine erste Antwort gab das bukolische Ambiente; zu ihm stimmten aber weder der petrarkistische Anfang noch das in religiösen Bildern gehaltene Ende. Die Gattungstraditionen schienen einander aufzuheben und doch nötig zu haben. Zudem standen sie, konventionellen Formen des 17. und 18. Jahrhunderts entnommen, in auffälligem Gegensatz zur Entstehungszeit dieses Gedichts, welche ›Erlebnislyrik‹ erwarten ließ. Diese Erwartung wurde auch nicht enttäuscht; vielmehr waren wörtliche Anklänge an Goethes Autobiographie zu vernehmen. Warum also mußte Goethe persönliche Erfahrungen in konventionelle Bilder transponieren? Eben weil sie poetische Lösungen für Schwierigkeiten bereit hielten, die praktisch unlösbar gewesen waren: statt des zerstreuenden, der Liebe abträglichen Geschäfts bot die bukolische Welt im Schein agrarischer Lebensverhältnisse eine Versöhnung von Liebe und Arbeit an. Um einem eventuellen Mißverständnis entgegenzuwirken: kein biographisches Interesse führte vom *Bräutigam* zu *Dichtung und Wahrheit*, sondern die dem Gedicht immanente Negation, d. h. sein Widerstand gegen naheliegende, vorgegebene poetische Harmonisie-

---

[28] Eine Theorie des Funktionswandels von Tradition könnte die verbreitete Annahme einschränken, die literarischen Formen zeigten ein besonders hartnäckiges Beharrungsvermögen gegenüber dem Unterbau der Gesellschaft (z. B. Erich Köhler, *Über die Möglichkeiten historisch-soziologischer Interpretation*, in: E. K., *Esprit und arkadische Freiheit*, Frankfurt/Bonn 1966, S. 86). Es kann sozialgeschichtlich bedingt und aufschlußreich sein, wenn sich in der literarischen Produktion wirklich nichts ändert – was etwa die restriktive Funktion von Trivialliteratur erklärt.

rungsschemata. Die Verzweiflung über die Prosa des Tags ließ nach prosaischen Darstellungen des Tags suchen – und nur dort rechtmäßig finden, wo die Parallelen von Vokabular, Bildwahl und Motiv eine *literarische* Entsprechung anzeigten. Ähnliche Äußerungen, etwa in Kleists Briefen, verbreiterten die historische Basis, leiteten von der individuellen zur allgemeinen Erfahrung, vom privaten Erleben zum Leben in der bürgerlichen Gesellschaft überhaupt. Daß etwas Ungewohntes, historisch Neues das Gedicht bewegt, verraten bereits der geschichtliche Abstand zwischen seiner Problemstellung und den altertümlichen Motiven, in denen sie formuliert ist, sowie die freie Komposition von Hause aus unvereinbarer Elemente. Den Abstand, den Widerspruch löst ein interpretatives Verhältnis auf: der Spätere erblickt am Früheren, seine Reflexion an der Konvention, was sie unbewußt besessen hatte; er schält das Poetische aus dem Vergangenen. Nur wer bürgerliche Arbeit als Entfremdung erfahren hat, entdeckt, daß in der Idylle die Idee unentfremdeter Arbeit verborgen ist. – Auf drei Ebenen des literarischen Systems sind also Widersprüche aufgetreten:

1. im Gegeneinander der konventionellen Gattungselemente. Den Widerspruch löst die Erkenntnis, daß die Gattungen in ihrer Eigenständigkeit geschwächt und zu wechselnden Perspektiven umgeprägt werden, um ein beunruhigendes, in konventioneller Literatur nicht dargestelltes Thema (Arbeit) fassen zu können;

2. im Ineinander zweier historisch getrennter Produktionsprinzipien, nämlich vorbürgerlicher Gattungsbindungen und bürgerlicher Erlebnisdichtung. Den Widerspruch löst die Erkenntnis, daß das unglückliche Bewußtsein des Bürgers in vorbürgerlichen Literaturmodellen, die es als Lebensmodelle interpretiert, Rettung sucht;

3. im Nebeneinander von Formen verschiedener Poetizität, aber gleicher Thematik (nach den Polen Poesie – Prosa geordnet: Gedicht – Roman – Autobiographie – Essay –

Brief). Den Widerspruch löst die Erkenntnis, welcher poetischen Anstrengung es bedurfte, um den der gesellschaftlichen Praxis entsprungenen Konflikt, den die prosaischen Formen realitätsnäher in Bericht und Reflexion festhalten, in das ›versöhnte‹ Gedicht überzuführen.

Was vom Standpunkt des literarischen Systems als Defekt erscheint, begründet Individualität und Rang des Werkes, dessen origineller Lösungsversuch mehrere Erwartungsschemata durchbricht. Zugleich verweisen die ›Defekte‹, aus Widersprüchen abgeleitet und als verschwiegene Thematisierung des Komplexes bürgerliche Arbeit – ›prosaische‹ Verhältnisse – unglückliches Bewußtsein begriffen, auf ihren historischen Ursprung, ihre gesellschaftlichen Grundlagen. Daß sich das Werk auf den Ernst einer problematischen Praxis eingelassen hat, motiviert den Widerstand, den es den literarischen Systemen geleistet hat; die historische Aporie dieser Praxis jedoch motiviert seine Bereitschaft, poetische Hoffnungen innerhalb eines modifizierten literarischen Systems erneut zu versöhnen. Eine hermeneutische Soziologie muß das Ästhetische als Abweichung von der sozialen Faktizität respektieren und zugleich die Abweichung als soziale Notwendigkeit in einem umfassenden gesellschaftlichen Prozeß fundieren. Nur so läßt sich die methodische Zweideutigkeit beheben, daß Literatur als Mittel zur Interpretation sozialer Strukturen dient, nachdem vorher die soziale Struktur als Mittel zur Interpretation von Literatur gedient hat. Sie ist zu beheben durch Einsicht in eine konkrete Verschränkung: Literatur ist selbst Teil des sozialen Prozesses, durch ihn bis ins Detail bedingt, weil sie in ihm eine Rolle spielt, die von keiner anderen Instanz übernommen werden kann. Nicht als Reflex der gesellschaftlichen Verhältnisse (als wären diese ›an sich‹ schon fertig und spiegelten sich nur noch einmal in Kunstwerken), sondern als eigenständige Leistung *in* ihnen sind ästhetische Gegenstände sozial konstituiert. Ihre sozialgeschichtliche Funktion erhellt sich erst, wenn man keine

Reduktion auf eine lediglich von der ›Basis‹ her konstruierte Gesellschaft versucht; denn reduktive Verfahren implizieren – ob eingestanden oder nicht – die Überflüssigkeit des reduzierten Objekts. Dagegen leitet unsere Interpretationen die Hypothese, daß in den gesellschaftlichen Verhältnissen selbst als ästhetische Prädisposition der Grund liegt, weshalb sie Bilder als ihr Anderes brauchen. Noch die fernsten Entfaltungen, Differenzierungen, Besonderungen der ästhetischen Phänomene müssen in der gesellschaftlichen Totalität unterzubringen sein: der ›Mehrwert‹, den sie gegenüber den materiellen Produktionsbedingungen darstellen, ist in der sozialen Organisation der Produktion vorbereitet. Das Argument gilt gegen vulgärmaterialistische wie positivistische Prämissen, deren Umgang mit Literatur sich anähneln kann, weil jene als reduktive Theorie vortragen, was diese als partikulare, angeblich »strenge« Methode postulieren. Das positivistische Dekret: »Nicht ästhetische Qualitäten, sondern soziale Kriterien müssen es sein, die die Literatursoziologie zur Grundlage der Bestimmung dessen macht, was sie unter Literatur verstehen kann«[29], würde mancher unterschreiben, der sich als ›Materialist‹ versteht. Im Gegensatz dazu wird eine sozialhistorische Literaturinterpretation, welche Gesellschaft als Totalität in Rechnung stellt, in der Gesellschaft selbst ästhetische Prädispositionen auszumachen haben. Eine gesellschaftstheoretische Auflösung literarischer Widersprüche kann nur gelingen, wenn Literatur als ›theoretische Auflösung‹ gesellschaftlicher Widersprüche verstanden wird. Die methodische Verallgemeinerung darf nicht vergessen, welche Momente an dem historisch speziellen Gegenstand, von dem sie ausgegangen ist, historisch spezielle bleiben und deshalb keine Extrapolation zu einer generellen Methode gestatten. Darum haben wir es vermieden, etwa die beliebten Begriffe ›Kritik‹, ›Ideologie‹ und ›Utopie‹, die mühelos

29 Hans Norbert Fügen, *Die Hauptrichtungen der Literatursoziologie*, Bonn 1964, S. 14 f.

am heroischen Widerspruch, an der poetischen Negation der unheroischen bürgerlichen Verhältnisse festzumachen sind, zu ästhetischen Konstituentien schlechthin zu befördern. Sie sind strikt an Situation und Inhalt der Kunst in der bürgerlichen Epoche gebunden. Denn Ideologie, Kritik und Utopie können erst in dem Augenblick entstehen, da die bürgerlich-kapitalistische Eroberung der praktischen Welt an die Stelle der Mythen und Religionen die menschlich-gesellschaftliche Wirklichkeit zum theoretischen und ästhetischen Gegenstand setzt. Reflexiv auf die selbstproduzierende Realität gerichtet, ist es erstmals dem bürgerlichen Bewußtsein möglich, die historische Verfassung der eigenen Zeit zu thematisieren, die Differenz von Zustand und Möglichkeit zur Verklärung, Negation und Überwindung dieser Verfassung zu nützen.
Es sind selber generelle ästhetische Potenzen, die in einer bestimmten historischen Phase die spezielle Zuspitzung auf jene theoretische Trias Ideologie – Kritik – Utopie gestatten. Sie entfaltet den allgemeinen Doppelcharakter, in dem Kunst zur Wirklichkeit steht: Entfernung und Bezug. Darin hat sie ein gemeinsames Fundament mit den ästhetisch-sozialen Wirkungen, die aus dem Thema ›Der Bürger als Held‹ als Abweichung, Widerspruch und Versöhnung hervorgehen. In beiden Konzepten ist der logische Unterschied der poetischen zur informativen (prosaischen) Sprache als Grund eines höheren Sinns behauptet und die relative Selbständigkeit ästhetischer Zeichen, Worte, Bilder zur Autonomie verschärft, die als poetische Gegenwelt der gesellschaftlichen Welt kontrastiert, also eine soziale Funktion übernimmt, indem sie sich von ihr abzukehren scheint.[30]

30 Vgl. Theodor W. Adorno, *Ästhetische Theorie*, Frankfurt 1970 (= T. W. A., *Gesammelte Schriften*, Bd. 7), S. 374 f.: »Der Doppelcharakter der Kunst als eines von der empirischen Realität und damit dem gesellschaftlichen Wirkungszusammenhang sich Absondernden, das doch zugleich in die empirische Realität und die gesellschaftlichen Wirkungszusammenhänge hineinfällt, kommt unmittelbar an den ästhetischen Phänomenen zutage. Diese sind beides, ästhetisch und faits sociaux.«

Bibliothek Suhrkamp

267 Marcel Proust, Eine Liebe zu Swann
269 H. C. Artmann, Von denen Husaren
270 Hans Erich Nossack, Dem unbekannten Sieger. *Roman*
271 Jean-Pierre Jouve, Paulina 1880. *Roman*
272 Thomas Bernhard, Midland in Stilfs. *Erzählungen*
273 Yasushi Inoue, Der Stierkampf. *Roman*
274 Juri Kasakow, Larifari. *Erzählungen*
275 Robert Minder, Wozu Literatur? *Reden und Essays*
276 Nelly Sachs, Verzauberung. *Szenische Dichtungen*
277 Samuel Beckett, Premier amour. Erste Liebe
278 Gertrude Stein, Erzählen. *Vier Reden*
279 Ezra Pound, Wort und Weise – motz el son. *Essays*
280 James Joyce, Briefe an Nora
281 Wolfgang Hildesheimer, Zeiten in Cornwall
282 Andrej Platanov, Die Baugrube. *Erzählung*
283 Jaroslav Hašek, Partei des maßvollen Fortschritts. *Satiren*
284 Hans Mayer, Brecht in der Geschichte. *Drei Versuche*
285 Ödön von Horváth, Von Spießern, Kleinbürgern und Angestellten
286 André Maurois, Auf den Spuren von Marcel Proust
287 Bertolt Brecht, Über Klassiker. *Betrachungen*
288 Jiří Kolář, Das sprechende Bild
289 Alfred Döblin, Die beiden Freundinnen und ihr Giftmord
290 Alexander Block, Der Sturz des Zarenreichs
292 Ludwig Hohl, Nächtlicher Weg. *Erzählungen*
293 Djuna Barnes, Nachtgewächs. *Roman*
294 Paul Valéry, Windstriche
295 Bernard Shaw, Die heilige Johanna
296 Hermann Kasack, Die Stadt hinter dem Strom
297 Peter Weiss, Hölderlin. *Stück in zwei Akten*
298 Henri Michaux, Turbulenz im Unendlichen
299 Boris Pasternak, Initialen der Leidenschaft. *Gedichte*
300 Hermann Hesse, Mein Glaube. *Eine Dokumentation*
301 Italo Svevo, Ein Mann wird älter
302 Siegfried Kracauer, Über die Freundschaft. *Essay*
303 Samuel Beckett, Le dépeupleur. Der Verwaiser
305 Ramón José Sender, Der König und die Königin
306 Hermann Broch, James Joyce und die Gegenwart. *Essay*
307 Sigmund Freud, Briefe

309 Bernard Shaw, Handbuch des Revolutionärs
310 Adolf Nowaczyński, Der schwarze Kauz
311 Donald Barthelme, City Life
312 Günter Eich, Gesammelte Maulwürfe
313 James Joyce, Kritische Schriften
314 Oscar Wilde, Das Bildnis des Dorian Gray
315 Tschingis Aitmatow, Dshamilja
316 Ödön von Horváth, Kasimir und Karoline
317 Thomas Bernhard, Der Ignorant und der Wahnsinnige
318 Princesse Bibesco, Begegnungen mit Marcel Proust
319 John Millington Synge, Die Aran-Inseln
320 Bernard Shaw, Der Aufstand gegen die Ehe
321 Henry James, Die Tortur
322 Edward Bond, Lear
323 Ludwig Hohl, Vom Erreichbaren und vom Unerreichbaren
324 Alexander Solschenizyn, Matrjonas Hof
325 Jerzy Andrzejewski, Appellation
326 Pio Baroja, Shanti Andía, der Ruhelose
327 Samuel Beckett, Mercier und Camier
328 Mircea Eliade, Auf der Mântuleasa-Straße
329 Hermann Hesse, Kurgast
330 Peter Szondi, Celan-Studien
331 Hans Erich Nossack, Spätestens im November
332 Wenjamin Alexandrowitsch Kawerin, Das Ende einer Bande
333 Gershom Scholem, Judaica 3
334 Ricarda Huch, Michael Bakunin und die Anarchie
335 Bertolt Brecht, Svendborger Gedichte
336 Francis Ponge, Im Namen der Dinge
337 Bernard Shaw, Wagner-Brevier
338 James Joyce, Stephen der Held
340 Hermann Broch, Barbara
341 Nathalie Sarraute, Tropismen
342 Hermann Hesse, Stufen
343 Rainer Maria Rilke, Malte Laurids Brigge
344 Hermann Hesse, Glück
345 Peter Huchel, Gedichte
346 Adolf Portman, Vom Lebendigen
347 Ingeborg Bachmann, Gier
348 Knut Hamsun, Mysterien
349 Boris Pasternak, Schwarzer Pokal
350 James Joyce, Ein Porträt des Künstlers
353 Hermann Hesse, Eigensinn

edition suhrkamp

464 Michael Kidron, Rüstung und wirtschaftliches Wachstum. Ein Essay über den westlichen Kapitalismus nach 1945
465 Bertolt Brecht, Über Politik auf dem Theater
466 Dietlind Eckensberger, Sozialisationsbedingungen der öffentlichen Erziehung
467 Doris von Freyberg / Thomas von Freyberg, Zur Kritik der Sexualerziehung
468 Walter Benjamin, Drei Hörmodelle
469 Theodor W. Adorno, Kritik. Kleine Schriften zur Gesellschaft
470 Gert Loschütz, Gegenstände. *Gedichte und Prosa*
472 Wlodzimierz Brus, Funktionsprobleme der sozialistischen Wirtschaft
473 Franz Xaver Kroetz, Heimarbeit / Hartnäckig / Männersache. *Drei Stücke*
474 Vlado Kristl, Sekundenfilme
476 Neues Hörspiel. Essays, Analysen, Gespräche. Herausgegeben von Klaus Schöning
477 Tom Hayden, Der Prozeß von Chicago
478 Kritische Friedensforschung. Herausgegeben von Dieter Senghaas
479 Erika Runge, Reise nach Rostock, DDR
480 Joachim Hirsch / Stephan Leibfried, Materialien zur Wissenschafts- und Bildungspolitik
481 Jürgen Habermas, Zur Logik der Sozialwissenschaften. Materialien
482 Noam Chomsky, Die Verantwortlichkeit der Intellektuellen
483 Hellmut Becker, Bildungsforschung und Bildungsplanung
484 Heine Schoof, Erklärung
485 Bertolt Brecht, Über Realismus
487 Eberhard Schmidt, Ordnungsfaktor oder Gegenmacht. Die politische Rolle der Gewerkschaften
488 Über Wolfgang Hildesheimer. Herausgegeben von Dierk Rodewald
489 Hans Günter Michelsen, Drei Hörspiele
490 Bertolt Brecht, Trommeln in der Nacht. *Komödie*
491 Eva Hesse, Beckett. Eliot. Pound. *Drei Textanalysen*
492 Gunnar Myrdal, Aufsätze und Reden
494 Orlando Araujo, Venezuela
495 Über Paul Celan. Herausgegeben von Dietlind Meinecke
496 Walter Schäfer / Wolfgang Edelstein / Gerold Becker, Probleme der Schule im gesellschaftlichen Wandel. Das Beispiel Odenwaldschule
497 David Cooper, Psychiatrie und Anti-Psychiatrie

498 Dieter Senghaas, Rüstung und Militarismus
499 Ronald D. Laing / H. Phillipson / R. A. Lee, Interpersonelle Wahrnehmung
502 Wolfgang Emmerich, Zur Kritik der Volkstumsideologie
503 Anouar Abdel-Malek, Ägypten: Militärgesellschaft. Das Armeeregime, die Linke und der soziale Wandel unter Nasser
504 G. F. Jonke, Glashausbesichtigung
506 Heberto Padilla, Außerhalb des Spiels. *Gedichte*
507 Manuela du Bois-Reymond, Strategien kompensatorischer Erziehung
508 Gunnar Myrdal, Objektivität in der Sozialforschung
509 Peter Handke, Der Ritt über den Bodensee
510 Dieter Henrich, Hegel im Kontext
511 Lehrlingsprotokolle. Herausgegeben von Klaus Tscheliesnig. Vorwort von Günter Wallraff
512 Ror Wolf, mein famili. Mit Collagen des Autors
513 Wolfgang Fritz Haug, Kritik der Warenästhetik
514 Gefesselte Jugend. Fürsorgeerziehung im Kapitalismus
515 Fritz J. Raddatz, Verwerfungen
516 Wolfgang Lefèvre, Zum historischen Charakter und zur historischen Funktion der Methode bürgerlicher Soziologie
517 Bertolt Brecht, Die Mutter. Regiebuch der Schaubühnen-Inszenierung. Herausgegeben von Volker Canaris
518 Über Peter Handke. Herausgegeben von Michael Scharang
519 Ulrich Oevermann, Sprache und soziale Herkunft
520 Melchior Schedler, Kindertheater
521 Ernest Mandel, Der Spätkapitalismus
522 Urs Jaeggi, Literatur und Politik
523 Ulrich Rödel, Forschungsprioritäten und technologische Entwicklung
524 Melanie Jaric, Geh mir aus der Sonne. *Prosa*
525 Peter Bürger, Studien zur französischen Frühaufklärung
526 Herbert Brödl, fingerabdrücke. Schrottplatztexte
527 Über Karl Krolow. Herausgegeben von Walter Helmut Fritz
528 Ursula Schumm-Garling, Herrschaft in der industriellen Arbeitsorganisation
530 Eduard Parow, Psychotisches Verhalten
531 Dieter Kühn, Grenzen des Widerstands
533 Materialien zu Ödön von Horváths ›Geschichten aus dem Wienerwald‹
534 Ernst Bloch, Vom Hasard zur Katastrophe. Politische Aufsätze 1934–1939
535 Heinz-Joachim Heydorn, Zu einer Neufassung des Bildungsbegriffs
536 Brigitte Eckstein, Hochschuldidaktik
537 Franco Basaglia, Die abweichende Mehrheit

539 Gastarbeiter. Herausgegeben von Ernst Klee
540 Thomas Krämer-Badoni / Herbert Grymer / Marianne Rodenstein, Zur sozio-ökonomischen Bedeutung des Automobils
541 Über H. C. Artmann. Herausgegeben von Gerald Bisinger
542 Arnold Wesker, Die Küche
543 Detlef Kantowsky, Indien
544 Peter Hacks, Das Poetische
546 Frauen gegen den § 218. 18 Protokolle, aufgezeichnet von Alice Schwarzer
547 Włodzimierz Brus, Wirtschaftsplanung. Für ein Konzept der politischen Ökonomie
548 Otto Kirchheimer, Funktion des Staats und der Verfassung
549 Claus Offe, Strukturprobleme des kapitalistischen Staates
550 Manfred Clemenz, Zur Entstehung des Faschismus
551 Herbert Achternbusch, L'Etat c'est moi
552 Über Jürgen Becker
553 Hans Magnus Enzensberger, Das Verhör von Habana
555 Alfred Sohn-Rethel, Geistige und körperliche Arbeit
556 Becker / Jungblut, Strategien der Bildungsproduktion
557 Karsten Witte, Theorie des Kinos
558 Herbert Brödl, Der kluge Waffenfabrikant und die dummen Revolutionäre
559 Über Ror Wolf. Herausgegeben von Lothar Baier
560 Rainer Werner Fassbinder, Antiteater 2
561 Horvat, Jugosl. Gesellschaft
562 Margaret Wirth, Kapitalismustheorie in der DDR
563 Imperialismus und strukturelle Gewalt. Herausgegeben von Dieter Senghaas
565 Agnes Heller, Hypothese zu einer marxistischen Werttheorie
566/67 William Hinton, Fanshen
568 Henri Lefebvre, Soziologie nach Marx
569 Imanuel Geiss, Geschichte und Geschichtswissenschaft
570 Werner Hecht, Sieben Studien über Brecht
571 Materialien zu Hermann Brochs »Die Schlafwandler«
572 Alfred Lorenzer, Gegenstand der Psychoanalyse
573 Friedhelm Nyssen u. a., Polytechnik in der Bundesrepublik Deutschland
575 Determinanten der westdeutschen Restauration 1945–1949
576 Sylvia Streeck, Wolfgang Streeck, Parteisystem und Status quo
577 Prosper Lissagaray, Geschichte der Commune von 1871
580 Dorothea Röhr, Prostitution
581 Gisela Brandt, Johanna Kootz, Gisela Steppke, Frauenfrage im Spätkapitalismus

582 Jurij M. Lotmann, Struktur d. künstl. Textes
583 Gerd Loschütz, Sofern die Verhältnisse es zulassen
584 Über Ödön von Horváth
585 Ernst Bloch, Das antizipierende Bewußtsein
586 Franz Xaver Kroetz, Neue Stücke
587 Johann Most, Kapital und Arbeit. Herausgegeben von Hans Magnus Enzensberger
588 Henryk Grynberg, Der jüdische Krieg
589 Gesellschaftsstrukturen. Herausgegeben von Oskar Negt und Klaus Meschkat
590 Theodor W. Adorno, Zur Metakritik der Erkenntnistheorie
591 Herbert Marcuse, Konterrevolution und Revolte
592 Autonomie der Kunst
593 Probleme der internationalen Beziehungen. Herausgegeben von Ekkehart Krippendorf
594 Materialien zum Leben und Schreiben der Marieluise Fleißer
597 Rüdiger Bubner, Dialektik und Wissenschaft
598 Technologie und Kapital. Herausgegeben von Richard Vahrenkamp
599 Karl Otto Hondrich, Theorie der Herrschaft
600 Wisława Szymborska, Salz
602 Armando Córdova, Heterogenität
603 Bertolt Brecht, Der Tui-Roman
606 Henner Hess / Achim Mechler, Ghetto ohne Mauern
607 Wolfgang F. Haug, Bestimmte Negation
608 Hartmut Neuendorff, Der Begriff d. Interesses
610 Tankred Dorst, Eiszeit
611 Materialien zu Horvaths »Kasimir und Karoline«. Herausgegeben von Traugott Krischke
613 Marguerite Sechehaye, Tagebuch einer Schizophrenen
614 Walter Euchner, Egoismus und Gemeinwohl
619 Manfred Riedel, System und Geschichte
621 Gaston Salvatore, Büchners Tod
622 Gert Ueding, Glanzvolles Elend
623 Jürgen Habermas, Legitimationsprobleme im Spätkapitalismus
624 Heinz Schlaffer, Der Bürger als Held
625 Claudia von Braunmühl, Kalter Krieg und friedliche Koexistenz
626 Ulrich K. Preuß, Legalität und Pluralismus
628 Lutz Winckler, Kulturwarenproduktion
629 Karin Struck, Klassenliebe
631 Bassam Tibi, Militär und Sozialismus in der Dritten Welt
639 Oskar Negt, Alexander Kluge, Öffentlichkeit und Erfahrung

Alphabetisches Verzeichnis der edition suhrkamp

Abdel-Malek, Ägypten 503
Abendroth, Sozialgeschichte 106
Achternbusch, Löwengebrüll 439
Achternbusch, L'Etat c'est moi 551
Adam, Südafrika 343
Adorno, Drei Studien zu Hegel 38
Adorno, Eingriffe 10
Adorno, Impromptus 267
Adorno, Kritik 469
Adorno, Jargon der Eigentlichkeit 91
Adorno, Moments musicaux 54
Adorno, Ohne Leitbild 201
Adorno, Stichworte 347
Adorno, Zur Metakritik der Erkenntnistheorie 590
Über Theodor W. Adorno 429
Aggression und Anpassung 282
Ajgi, Beginn der Lichtung 448
Alff, Der Begriff Faschismus 465
Alfonso, Guatemala 457
Andersch, Die Blindheit 133
Antworten auf H. Marcuse 263
Araujo, Venezuela 494
Architektur als Ideologie 243
Artmann, Frankenstein/Fleiß 320
Über Artmann 541
Aue, Blaiberg 423
Autonomie der Kunst 592
Augstein, Meinungen 214
Baczko, Weltanschauung 306
Baran, Unterdrückung 179
Baran, Zur politisch. Ökonomie 277
Barthelme, Dr. Caligari 371
Barthes, Mythen des Alltags 92
Barthes, Kritik und Wahrheit 218
Barthes, Literatur 303
Basaglia, Die abweichende Mehrheit 537
Basso, Theorie d. polit. Konflikts 308
Baudelaire, Tableaux Parisiens 34
Baumgart, Literatur f. Zeitgen. 186
Becker, H. Bildungsforschung 483
Becker, H. / Jungblut, Strategien der Bildungsproduktion 556
Becker, Felder 61
Becker, Ränder 351
Über Jürgen Becker 552
Beckett, Aus einem Werk 145
Beckett, Fin de partie · Endspiel 96
Materialien zum ›Endspiel‹ 286

Beckett, Das letzte Band 389
Beckett, Warten auf Godot 3
Behrens, Gesellschaftausweis 458
Beiträge zur Erkenntnistheorie 349
Benjamin, Hörmodelle 468
Benjamin, Das Kunstwerk 28
Benjamin, Über Kinder 391
Benjamin, Kritik der Gewalt 103
Benjamin, Städtebilder 17
Benjamin, Versuche über Brecht 172
Über Walter Benjamin 250
Bentmann/Müller, Villa 396
Bergmann, Wilde Erdbeeren 79
Bernhard, Amras 142
Bernhard, Fest für Boris 440
Bernhard, Prosa 213
Bernhard, Ungenach 279
Bernhard, Watten 353
Über Thomas Bernhard 401
Bertaux Hölderlin 344
Birnbaum, Die Krise der industriellen Gesellschaft 386
Black Power 438
Bloch, Ch. Die SA 434
Bloch, Avicenna 22
Bloch, Das antizipierende Bewußtsein 585
Bloch, Christian Thomasius 193
Bloch, Durch die Wüste 74
Bloch, Hegel 413
Bloch, Pädagogica 455
Bloch, Tübinger Einleitung I 11
Bloch, Tübinger Einleitung II 58
Bloch, Über Karl Marx 291
Bloch, Vom Hasard zur Katastrophe 534
Bloch, Widerstand und Friede 257
Über Ernst Bloch 251
Block, Ausgewählte Aufsätze 71
Blumenberg, Wende 138
Boavida, Angola 366
Bødker, Zustand Harley 309
Böhme, Soz.- u. Wirtschaftsgesch. 253
Bond, Gerettet. Hochzeit 461
Bond, Schmaler Weg 350
Frauenfrage im Spätkapitalismus 581
Brandys, Granada 167
Braun, Gedichte 397
v. Braunmühl, Kalter Krieg u. friedliche Koexistenz 625

Brecht, Antigone/Materialien 134
Brecht, Arturo Ui 144
Brecht, Ausgewählte Gedichte 86
Brecht, Baal 170
Brecht, Baal der asoziale 248
Brecht, Brotladen 339
Brecht, Der gute Mensch 73
Materialien zu ›Der gute Mensch‹ 247
Brecht, Der Tui-Roman 603
Brecht, Die Dreigroschenoper 229
Brecht, Die heilige Johanna 113
Brecht, Die heilige Johanna /
  Fragmente und Varianten 427
Brecht, Die Maßnahme 415
Brecht, Die Tage der Commune 169
Brecht, Furcht und Elend 392
Brecht, Gedichte aus Stücken 9
Brecht, Herr Puntila 105
Brecht, Im Dickicht 246
Brecht, Jasager – Neinsager 171
Brecht, Julius Caesar 332
Brecht, Kaukasischer Kreidekreis 31
Materialien zum ›Kreidekreis‹ 155
Brecht, Kuhle Wampe 362
Brecht, Leben des Galilei 1
Materialien zu Brechts ›Galilei‹ 44
Brecht, Leben Eduards II. 245
Brecht, Mahagonny 21
Brecht, Mann ist Mann 259
Brecht, Mutter Courage 49
Materialien zu Brechts ›Courage‹ 50
Materialien zu ›Die Mutter‹ 305
Brecht, Die Mutter. Regiebuch 517
Brecht, Realismus 485
Brecht, Schauspieler 384
Brecht, Schweyk 132
Brecht, Simone Machard 369
Brecht, Politik 442
Brecht, Theater 377
Brecht, Trommeln in der Nacht 490
Brecht, Über Lyrik 70
Broch, Universitätsreform 301
Materialien zu Hermann Brochs
  »Die Schlafwandler« 571
Brödl, Der kluge Waffenfabrikant 558
Brödl, fingerabdrücke 526
Brooks, Paradoxie im Gedicht 124
Brudziński, Katzenjammer 162
Brus, Funktionsprobleme 472
Brus, Wirtschaftsplanung 547
Bubner, Dialektik u. Wissenschaft 597
Bürger, Franz. Frühaufklärung 525
Burke, Dichtung 153
Burke, Rhetorik 231
Cabral de Melo Neto, Gedichte 295

Carr, Neue Gesellschaft 281
Celan, Ausgewählte Gedichte 262
Über Paul Celan 495
Chomsky, Verantwortlichkeit 482
Clemenz, Zur Entstehung des
  Faschismus 550
Cooper, Psychiatrie 497
Córdova/Michelena, Lateinam. 311
Córdova, Heterogenität 602
Ćosić, Wie unsere Klaviere 289
Creeley, Gedichte 227
Crnčević, Staatsexamen 192
Crnjanski, Ithaka 208
Dalmas, schreiben 104
Davičo, Gedichte 136
Deutsche und Juden 196
Determinanten der westdeutschen
  Restauration 1945–1949 575
Di Benedetto, Stille 242
Dobb, Organis. Kapitalismus 166
Dorst, Eiszeit 610
Dorst, Toller 294
du Bois-Reymond, Strategien kompens.
  Erziehung 507
Dunn, Battersea 254
Duras, Ganze Tage in Bäumen 80
Duras, Hiroshima mon amour 26
Eckensberger, Sozialisationsbedin-
  gungen 466
Eckstein, Hochschuldidaktik 536
Eich, Abgelegene Gehöfte 288
Eich, Botschaften des Regens 48
Eich, Mädchen aus Viterbo 60
Eich, Setúbal. Lazertis 5
Eich, Unter Wasser 89
Über Günter Eich 402
Eichenbaum, Aufsätze 119
Eliot, Die Cocktail Party 98
Eliot, Der Familientag 152
Eliot, Mord im Dom 8
Eliot, Staatsmann 69
Eliot, Was ist ein Klassiker? 33
Emmerich, Volkstumsideologie 502
Enzensberger, Blindenschrift 217
Enzensberger, Deutschland 203
Enzensberger, Einzelheiten I 63
Enzensberger, Einzelheiten II 87
Enzensberger, Gedichte 20
Enzensberger, Landessprache 304
Enzensberger, Das Verhör von
  Habana 553
Über H. M. Enzensberger 403
Eschenburg, Über Autorität 129
Euchner, Egoismus und Gemeinwohl
  614

Existentialismus und Marxismus 116
Fanon, Algerische Revolution 337
Fassbinder, Antiteater 443
Fassbinder, Antiteater 2 560
Filho, Corpo vivo 158
Fleischer, Marxismus 323
Fleißer, Materialien 594
Folgen einer Theorie 226
Formalismus 191
Foucault, Psychologie 272
Frauen gegen den § 218 546
Franzen, Aufklärungen 66
Freeman/Cameron/McGhie, Schizophrenie 346
Freyberg, Sexualerziehung 467
Frisch, Ausgewählte Prosa 36
Frisch, Biedermann 41
Frisch, Chinesische Mauer 65
Frisch, Don Juan 4
Frisch, Stücke 154
Frisch, Graf Öderland 32
Frisch, Öffentlichkeit 209
Frisch, Zürich – Transit 161
Über Max Frisch 404
Fromm, Sozialpsychologie 425
Gäng/Reiche, Revolution 228
Gastarbeiter 539
Gefesselte Jugend 514
Geiss, Studien über Geschichte 569
Germanistik 204
Goeschel/Heyer/Schmidbauer, Soziologie d. Polizei 1 380
Goethe, Tasso. Regiebuch 459
Grass, Hochwasser 40
Gravenhorst, Soz. Kontrolle 368
Grote, Alles ist schön 274
Gründgens, Theater 46
Grynberg, Der jüdische Krieg 588
Guérin, Am. Arbeiterbewegung 372
Guérin, Anarchismus 240
Guggenheimer, Alles Theater 150
Haavikko, Jahre 115
Habermas, Logik d. Soz. Wissensch. 481
Habermas, Protestbewegung 354
Habermas, Technik und Wissenschaft 287
Habermas, Legitimationsprobleme im Spätkapitalismus 623
Hacks, Das Poetische 544
Hacks, Stück nach Stücken 122
Hacks, Zwei Bearbeitungen 47
Hamelink, Horror vacui 221
Handke, Die Innenwelt 307
Handke, Kaspar 322
Handke, Publikumsbeschimpfung 177

Handke, Wind und Meer 431
Handke, Ritt üb. d. Bodensee 509
Über Peter Handke 518
Hannover, Rosa Luxemburg 233
Hartig/Kurz, Sprache 453
Haug, Antifaschismus 236
Haug, Kritik d. Warenästhetik 513
Haug, Bestimmte Negation 607
Hayden, Prozeß von Chicago 477
Hecht, Sieben Studien über Brecht 570
Philosophie Hegels 441
Heller, Nietzsche 67
Heller, Studien zur Literatur 42
Heller, Hypothese zu einer marxistischen Werttheorie 565
Henrich, Hegel 510
Herbert, Ein Barbar 1 111
Herbert, Ein Barbar 2 365
Herbert, Gedichte 88
Hess/Mechler, Ghetto ohne Mauern 606
E. Hesse, Beckett. Eliot. Pound 491
Hesse, Geheimnisse 52
Hesse, Späte Prosa 2
Hesse, Tractat vom Steppenwolf 84
Heydorn, Neufassung des Bildungsbegriffs 535
Hildesheimer, Das Opfer Helena 118
Hildesheimer, Interpretationen 297
Hildesheimer, Mozart/Beckett 190
Hildesheimer, Nachtstück 23
Hildesheimer, Walsers Raben 77
Über Wolfgang Hildesheimer 488
Hinton, Fanshen 566/67
Hirsch, Wiss.-tech. Fortschritt 437
Hirsch/Leibfried, Bildungspolitik 480
Hochman/Sonntag, Camilo Torres 363
Hobsbawm, Industrie 1 315
Hobsbawm, Industrie 2 316
Hofmann, Abschied 399
Hofmann, Stalinismus 222
Hofmann, Universität, Ideologie 261
Höllerer, Gedichte 83
Hondrich, Theorie der Herrschaft 599
Horlemann/Gäng, Vietnam 173
Horlemann, Konterrevolution 255
Horn, Dressur oder Erziehung 199
Hortleder, Ingenieur 394
Materialien zu Ödön von Horváth 436
Materialien zu Ödön von Horváths Geschichten aus dem Wienerwald 533
Materialien zu Horváths ›Kasimir und Karoline‹ 611
Über Ödön von Horváth 584
Horvat, Die jugosl. Gesellschaft 561
Hrabal, Die Bafler 180

Hrabal, Tanzstunden 126
Hrabal, Zuglauf überwacht 256
Hüfner, Straßentheater 424
Huffschmid, Politik des Kapitals 313
Huppert, Majakowskij 182
Hyry, Erzählungen 137
Imperialismus und strukturelle Gewalt.
  Herausgegeben von Dieter Senghaas
  563
Institutionen in prim. Gesellsch. 195
Jaeggi, Literatur u. Politik 522
Jakobson, Kindersprache 330
Janker, Aufenthalte 198
Jaric, Geh mir aus der Sonne 524
Jauß, Literaturgeschichte 418
Jedlička, Unterwegs 328
Jensen, Epp 206
Johnson, Das dritte Buch 100
Johnson, Karsch 59
Über Uwe Johnson 405
Jonke, Glashausbesichtigung 504
Jonke, Leuchttürme 452
Joyce, Dubliner Tagebuch 216
Materialien zu Joyces Dubliner 357
Jugendkriminalität 325
Juhász, Gedichte 168
Kalivoda, Marxismus 373
Kantowsky, Indien 543
Kasack, Das unbekannte Ziel 35
Kaschnitz, Beschreibung 188
Kidron, Rüstung und wirtschaftl.
  Wachstum 464
Kipphardt, Hund des Generals 14
Kipphardt, Joel Brand 139
Kipphardt, Oppenheimer 64
Kipphardt, Die Soldaten 273
Kirchheimer, Polit. Herrschaft 220
Kirchheimer, Politik u. Verfassung 95
Kirchheimer, Funktionen des
  Staats 548
Kleemann, Studentenopposition 381
Kolko, Besitz und Macht 239
Kovač, Schwester Elida 238
Kracauer, Straßen von Berlin 72
Krämer-Badoni/Grymer/Rodenstein,
  Bedeutung des Automobils 540
Krasiński, Karren 388
Kritische Friedensforschung 478
Kristl, Sekundenfilme 474
KRIWET, Apollo Amerika 410
Kroetz, Drei Stücke 473
Kroetz, Neue Stücke 586
Krolow, Ausgewählte Gedichte 24
Krolow, Landschaften für mich 146
Krolow, Schattengefecht 78

Über Karl Krolow 527
Kruuse, Oradour 327
Kuckuk, Räterepublik Bremen 367
Kuda, Arbeiterkontrolle 412
Kühn, Grenzen des Widerstands 531
Kühnl/Rilling/Sager,Die NPD 318
Lagercrantz, Nelly Sachs 212
Laing, Phänomenologie 314
Laing/Phillipson/Lee, Interpers. Wahr-
  nehmung 499
Lange, Gräfin 360
Lange, Hundsprozeß/Herakles 260
Lange, Marski 107
Lefebvre, Marxismus 99
Lefebvre, Materialismus 160
Lefebvre, Soziologie nach Marx 568
Lefèvre W. Hist. Charakter bürgerl.
  Soziologie 516
Lehrlingsprotokolle 511
Leibfried, Angepaßte Universität 265
Lempert, Leistungsprinzip 451
Lenin 383
Lévi-Strauss, Totemismus 128
Liebel/Wellendorf, Schülerselbst-
  befreiung 336
Linhartová, Diskurs 200
Linhartová, Geschichten 141
Linhartová, Haus weit 416
Lissagaray, Pariser Commune 577
Loewenstein, Antisemitismus 241
Lorenzer, Kritik 393
Lorenzer, Gegenstand der Psychoana-
  lyse 572
Loschütz, Gegenstände 470
Loschütz, Sofern die Verhältnisse es
  zulassen 583
Lotmann, Struktur des künstlerischen
  Textes 582
Majakowskij, Verse 62
Malecki, Spielräume 333
Malerba, Schlange 312
Mandel, Marxistische Wirtschaftstheorie
  Band 1 und 2 595/96
Mandel, Der Spätkapitalismus 521
Mándy, Erzählungen 176
Marcuse, Befreiung 329
Marcuse, Konterrevolution u. Revolte
  591
Marcuse, Kultur u. Gesellschaft I 101
Marcuse, Kultur u. Gesellschaft II 135
Marcuse, Theorie d. Gesellschaft 300
Marković, Dialektik der Praxis 285
Marx und die Revolution 430
Mayer, Anmerkungen zu Brecht 143
Mayer, Anmerkungen zu Wagner 189

Mayer, Das Geschehen 342
Mayer, Radikalismus, Sozialismus 310
Mayer, Repräsentant 463
Mayoux, Über Beckett 157
Meier, ›Demokratie‹ 387
Merleau-Ponty, Humanismus I 147
Merleau-Ponty, Humanismus II 148
Michaels, Loszittern 409
Michel, Sprachlose Intelligenz 270
Michelsen, Drei Akte Helm 140
Michelsen, Drei Hörspiele 489
Michelsen, Stienz. Lappschiess 39
Michiels, Das Buch Alpha 121
Michiels, Orchis militaris 364
Minder, ›Hölderlin‹ 275
Kritik der Mitbestimmung 358
Mitscherlich, Krankheit I 164
Mitscherlich, Krankheit II 237
Mitscherlich, Unwirtlichkeit 123
Materialien zu Marieluise Fleißer 594
Moore, Geschichte der Gewalt 187
Moral und Gesellschaft 290
Moser, Repress. Krim.psychiatrie 419
Moser/Künzel, Gespräche mit Eingeschlossenen 375
Most, Kapital und Arbeit 587
Müller, Philoktet. Herakles 5 163
Mueller, Wolf/Halbdeutsch 382
Münchner Räterepublik 178
Mukařovský, Ästhetik 428
Mukařovský, Poetik 230
Myrdal, Aufsätze u. Reden 492
Myrdal, Objektivität 508
Napoleoni, Ökonom. Theorien 244
Nápravnik, Gedichte 376
Negt, Öffentlichkeit und Erfahrung 639
Negt, Gesellschaftsstrukturen 589
Neuendorff, Begriff des Interesses 608
Nezval, Gedichte 235
Neues Hörspiel 476
Nossack, Das Mal u. a. Erzählungen 97
Nossack, Das Testament 117
Nossack, Der Neugierige 45
Nossack, Der Untergang 19
Nossack, Literatur 156
Nossack, Pseudoautobiograph. Glossen 445
Über Hans Erich Nossack 406
Kritik der Notstandsgesetze 321
Nowakowski, Kopf 225
Nyssen, Polytechnik in der BRD 573
Obaldia, Wind in den Zweigen 159
Oevermann, Sprache und soziale Herkunft 519

Oglesby/Shaull, Am. Ideologie 314
Offe, Strukturprobleme 549
Olson, Gedichte 112
Ostaijen, Grotesken 202
Padilla, Außerhalb des Spiels 506
Parow, Psychotisches Verhalten 530
Pavlović, Gedichte 268
Penzoldt, Zugänge 6
Pinget, Monsieur Mortin 185
Plädoyer f. d. Abschaff. d. § 175 175
Ponge, Texte zur Kunst 223
Poss, Zwei Hühner 395
Preuß, Studentenschaft 317
Preuß, Legalität und Pluralismus 626
Price, Ein langes Leben 120
Probleme der intern. Beziehungen 593
Pross, Bildungschancen 319
Pross/Boetticher, Manager 450
Proust, Tage des Lesens 37
Psychoanalyse als Sozialwiss. 454
Queneau, Mein Freund Pierrot 76
Queneau, Zazie in der Metro 29
Raddatz, Verwerfungen 515
Rajewsky, Arbeitskampfrecht 361
Recklinghausen, James Joyce 283
Reinshagen, Doppelkopf. Marilyn Monroe 486
Riedel, Hegels Rechtsphilosophie 355
Riedel, Hegel und Marx 619
Riesman, Freud 110
Rigauer, Sport und Arbeit 348
Ritter, Hegel 114
Rivera, Peru 421
Robinson, Ökonomie 293
Rödel, Forschungsprioritäten 523
Roehler, Ein angeschw. Mann 165
Röhr, Prostitution 580
Romanowiczowa, Der Zug 93
Ronild, Die Körper 462
Rosenberg, Sozialgeschichte 340
Różwicz, Schild a. Spinngeweb 194
Runge, Bottroper Protokolle 271
Runge, Frauen 359
Runge, Reise nach Rostock 479
Russell, Probleme d. Philosophie 207
Russell, Wege zur Freiheit 447
Sachs, Ausgewählte Gedichte 18
Sachs, Das Leiden Israels 51
Salvatore, Büchners Tod 621
Sanguineti, Capriccio italiano 284
Sarduy, Bewegungen 266
Sarraute, Schweigen. Lüge 299
Schäfer/Edelstein/Becker, Probleme der Schule 496
Schäfer/Nedelmann, CDU-Staat 370

Schedler, Kindertheater 520
Schiller/Heyme, Wallenstein 390
Schklowskij, Schriften zum Film 174
Schklowskij, Zoo 130
Schmidt, Ordnungsfaktor 487
Schneider/Kuda, Arbeiterräte 296
Schnurre, Kassiber/Neue Gedichte 94
Schlaffer, Der Bürger als Held 624
Scholem, Judentum 414
Schoof, Erklärung 484
Schram, Die perm. Revolution 151
Schumm-Garling, Herrschaft in der industriellen Arbeitsorganisation 528
Schütze, Rekonstrukt. d. Freiheit 298
Sechehaye, Tagebuch einer Schizophrenen 613
Senghaas, Rüstung und Militarismus 498
Shaw, Caesar und Cleopatra 102
Shaw, Die heilige Johanna 127
Shaw, Der Katechismus 75
Skinas, Fälle 338
Sohn-Rethel, Geistige und körperliche Arbeit 555
Sonnemann, Institutionalismus 280
Sozialwissenschaften 411
Kritik der Soziologie 324
Sternberger, Bürger 224
Kritik der Strafrechtsreform 264
Streeck, Parteiensysteme und Status quo 576
Strindberg, Ein Traumspiel 25
Struck, Klassenliebe 629
Stütz, Berufspädagogik 398
Sweezy, Theor. d. kap. Entwcklg. 433
Sweezy/Huberman, Sozialismus in Kuba 426
Szondi, Hölderlin-Studien 379
Szondi, Theorie des mod. Dramas 27
Szymbroska, Salz 600
Tardieu, Museum 131
Technologie und Kapital 598
Teige, Liquidierung 278
Theologie der Revolution 258
Theorie des Kinos 557
Theorie und Praxis des Streiks 385
Tibi, Militär und Sozialismus in der Dritten Welt 631
Kritik der reinen Toleranz 181
Toulmin, Voraussicht 292
Tschech. Schriftstellerkongreß 326
Tumler, Abschied 57
Tumler, Volterra 108

Tynjanow, Literar. Kunstmittel 197
Ueding, Glanzvolles Elend 622
Válek, Gedichte 334
Verhinderte Demokratie 302
Vossler, Revolution von 1948 210
Vranicki, Mensch und Geschichte 356
Vyskočil, Knochen 211
Waldmann, Atlantis 15
Walser, Abstecher, Zimmerschl. 205
Walser, Heimatkunde 269
Walser, Der Schwarze Schwan 90
Walser, Eiche und Angora 16
Walser, Ein Flugzeug 30
Walser, Kinderspiel 400
Walser, Leseerfahrung 109
Walser, Lügengeschichten 81
Walser, Überlebensgroß Krott 55
Über Martin Walser 407
Weiss, Abschied von den Eltern 85
Weiss, Fluchtpunkt 125
Weiss, Gespräch 7
Weiss, Jean Paul Marat 68
Materialien zu ›Marat/Sade‹ 232
Weiss, Nacht/Mockinpott 345
Weiss, Rapporte 276
Weiss, Rapporte 2 444
Weiss, Schatten des Körpers 53
Über Peter Weiss 408
Wekwerth Notate 219
Wellek, Konfrontationen 82
Wellmer, Gesellschaftstheorie 335
Wesker, Die Freunde 420
Wesker, Die Küche 542
Wesker, Trilogie 215
Winckler, Studie 417
Winckler, Kulturwarenproduktion 628
Wirth, Kapitalismustheorie in der DDR 562
Witte, Theorie des Kinos 557
Wispelaere, So hat es begonnen 149
Wittgenstein, Tractatus 12
Über Ludwig Wittgenstein 252
Wolf, Danke schön 331
Wolf, Fortsetzung des Berichts 378
Wolf, mein famili 512
Wolf, Pilzer und Pelzer 234
Über Ror Wolf 559
Wolff, Liberalismus 352
Wosnessenskij, Dreieckige Birne 43
Wünsche, Der Unbelehrbare 56
Wünsche, Jerusalem 183
Zahn, Amerikan. Zeitgenossen 184